L
A
B

NEUE LESE-REZEPTE

Mit freundlicher Unterstützung von

REGIONE AUTONOMA TRENTINO-ALTO ADIGE
AUTONOME REGION TRENTINO-SÜDTIROL
REGION AUTONÓMA TRENTIN-SÜDTIROL

AUTONOME PROVINZ BOZEN SÜDTIROL
PROVINCIA AUTONOMA DI BOLZANO ALTO ADIGE
Deutsche Kultur

2. Auflage 2021

Grafik und Umbruch: no.parking, Vicenza
Illustrationen: no.parking, Vicenza
Druckvorbereitung: Typoplus, Frangart
Druck und Bindung: FINIDR, Tschechien
ISBN 978-3-7022-3544-4

E-Mail: buchverlag@tyrolia.at
Internet: www.tyrolia-verlag.at

MIX
Papier aus verantwortungsvollen Quellen
FSC® C014138
FSC www.fsc.org

LIVE-FOTOS
Erwin Profunser
Günther Schlemmer

Maria Theresia Rössler
Gudrun Sulzenbacher

Neue Lese-Rezepte

Kreative Methoden

Tyrolia-Verlag · Innsbruck–Wien

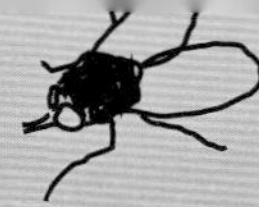

INHALT

METHODEN

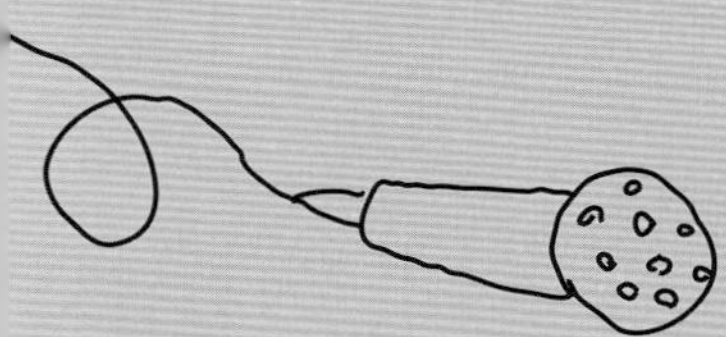

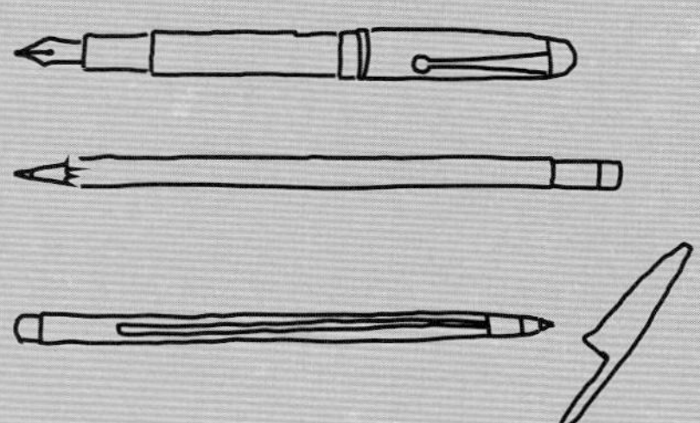

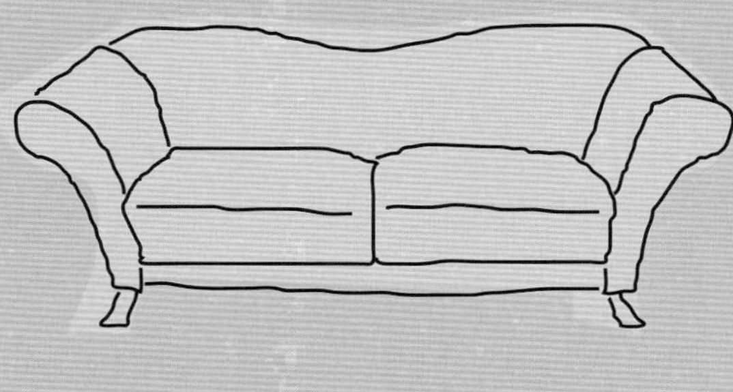

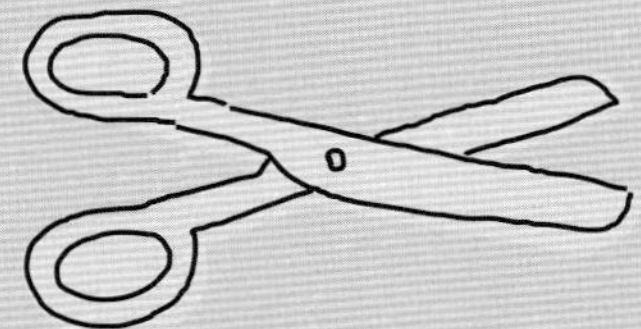

GALERIE

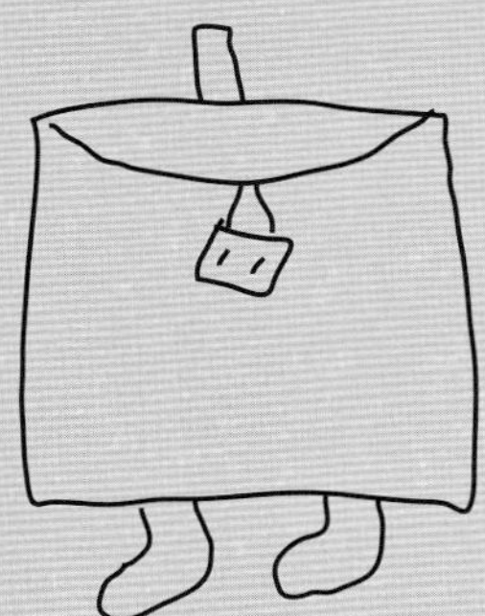

PROJEKTE

Über dieses Buch

Die Neuen sind da

Endlich gibt es einen Nachfolger zum literaturdidaktischen „Kochbuch“ von Elfi Fritsche und Gudrun Sulzenbacher.
Auch die neuen *Lese-Rezepte* wollen wieder den Appetit anregen und Lust machen, das eine oder andere Rezept auszuprobieren. Wieder wurde gründlich erprobt, wieder wird Schritt für Schritt erklärt, wieder werden die Schritte durch Live-Fotos veranschaulicht.

Und wieder sind die Methoden zugeschnitten auf die ganze Gruppe: Jeder ist gefragt, jeder ist gefordert, jeder wird gewürdigt.

Drei der insgesamt 27 Rezepte in diesem Buch sind aus dem Vorgänger übernommen – entsprechend dem vielfachen Wunsch der „Kundschaft“, ein paar attraktive Klassiker wiederzufinden.

Lesen im Kontext

Auch im neuen Handbuch werden die Schlüsselkompetenzen Lesen, Hören, Sprechen und Schreiben auf natürliche Weise miteinander verknüpft. Neu ist diesmal deren Einbindung in größere Projekte. Neu ist auch das Schwerpunkt-Thema „Bilder lesen lernen“.

Bilder lesen – Worte finden

In zwölf „Galerie"-Besuchen üben sich Kinder und Jugendliche in Achtsamkeit. Da wird gründlich geschaut, genau verglichen, lustvoll geknobelt, wild spekuliert und leidenschaftlich argumentiert. Bilderbücher auch für die Großen, als kleine Schule des Sehens.

Auch Sachbücher

Wenn Kinder ein Referat vorbereiten, suchen sie Informationen im Internet. Dabei kann die Fülle überfordern: Was ist wichtig? Was ist richtig? In Sachbüchern ist alles bereits vorhanden: stimmige Auswahl, roter Faden, anschauliche Darstellung. In diesem Handbuch zeigen sieben Methoden, wie Kinder und Jugendliche in kurzer Zeit und auf kurzweilige Art Wissensbücher kennen und nutzen lernen.

Bunt gemischt

Auf Doppelungen wie Lehrerin/Lehrer wird in diesem Buch verzichtet, dafür bunt gemischt: mal weiblich, mal männlich.
Bunt gemischt sind auch die Bücher: Hier sind solche Titel verwendet, die in der Erprobungsphase gerade aktuell waren, oder Klassiker, die sich für die entsprechende Methode besonders gut eignen. Wer will, findet gewiss auch andere „Zutaten" und damit eine persönliche Note.

Auf gutes Gelingen!
Die Autorinnen

MACH MAL KUNST

KOFFER PACKEN

So manche Bibliothekarin scheut weder Zeit noch Geld, um Medienpakete für Schulen zu schnüren. Dabei kann sie ihre „Kundschaft“ erfolgreich mit einbeziehen: Wenn Schüler beim Zusammenstellen der Themenkisten helfen, lernen sie in kurzer Zeit und angeregter Atmosphäre viele Bücher kennen, und erfahren obendrein etwas über Auswahlkriterien.
Wir packen hier – mit Jugendlichen einer achten Klasse – einen Koffer mit Sachbüchern.

WAS ES BRAUCHT

- Zwei Koffer, einer gefüllt mit Sachbüchern
- Tische als Ausstellungsfläche
- Arbeitsblatt *Koffer packen*
- Klebezettel zum Markieren
- Stuhlkreis
- 60 Minuten Zeit

SO GEHT'S

1

Ein Bibliothekar der Stadtbücherei hat eine Schulklasse eingeladen und erläutert nun sein Anliegen: Er müsse für die Schule eines Stadtteils mehrere Bücherkisten zusammenstellen. „Nun bin ich mit der Arbeit fast fertig, aber bei einigen Themen kann ich mich einfach nicht entscheiden. Dafür bräuchte ich eure Hilfe."

2

Dann legt er gemeinsam mit dem Lehrer auf Tischen seine „Zweifelsfälle" aus: jeweils zwei oder drei Bücher zu einem Thema, immer gebündelt. Aus dieser kleinen Ausstellung sollen die Jugendlichen nun – in Zweier- oder Dreiergruppen – ein Buchpaket wählen und gemeinsam überlegen, welchen Titel sie in den Koffer packen und welchen sie zurück ins Regal der Stadtbücherei stellen würden. „Aber: Nur ein Titel darf in den Koffer!"

3

Die Teams erhalten nun elf Minuten Zeit für die anstehende Arbeit, Klebezettel zum Markieren und das Arbeitsblatt *Koffer packen*: „Hier habt ihr noch eine Liste mit Fragen, die kann euch bei der Entscheidung helfen."
Bald sind alle in ein angeregtes Gespräch vertieft, die Zeit vergeht wie im Flug, und dann geht's auch schon los mit der Präsentation im Kreis.

4

Wie toll die Bücher auch sein mögen – nur eines darf in den Koffer! So manches Team ringt um die Entscheidung, einige möchten „ausnahmsweise" zwei Titel in den Koffer packen, und alle finden: Die Arbeit des Bibliothekars sei „echt nicht einfach".

5

Nach jeder Präsentation stellt das Team sein „Kofferbuch" auf den Boden. Was ins Regal der Stadtbücherei zurück muss, wird gelegt.

Zum Schluss noch einmal ein Blick in die Runde – was steht, was liegt?

Dann wird der Koffer gepackt. Der Bibliothekar bedankt sich für die Entscheidungshilfen und verabschiedet die Klasse. „Schade", finden die Jugendlichen, „jetzt hätten wir so richtig Lust auf diese Bücher!"

ARBEITSBLATT

KOFFER PACKEN

Was passiert, wenn wir das Buch begutachten?
Bringt es uns zum Staunen?

Finden wir uns in dem Buch schnell zurecht?
Gibt es ein Inhaltsverzeichnis?

Hilft uns die Illustration, besser ins Thema einzusteigen?
Helfen die Bilder, den Text besser zu verstehen?

Werden schwierige Wörter erklärt?
Können wir die Erklärungen verstehen?

Für welches Alter ist dieses Buch gedacht?
Kann man es überhaupt einer Altersgruppe zuordnen?

Hat dieses Buch etwas Besonderes?
Welches unserer Bücher ist origineller?

BÜCHERLISTE

Für dieses *Koffer packen* verwendeten wir folgende Titel:

Wir danken den genannten Verlagen für die vielfältige Unterstützung.

Weltwunder (Memo). Dorling Kindersley
Weltwunder (Wieso? Weshalb? Warum? Profiwissen). Ravensburger

Piraten (Abenteuer! Maja Nielsen erzählt). Gerstenberg
Piraten (Frag doch mal die Maus). Hauke Kock. Cbj

Evolution (Warum? Darum?). Federico Taddia/Telmo Pievani. Oetinger
Evolution: Jan Paul Schutten/Floor Rieder. Gerstenberg

Alle Welt. Das Landkartenbuch. Aleksandra Mizielińska & Daniel Mizieliński. Moritz
Atlas der Abenteuer. Weltkarten für Entdecker und Tagträumer. Sarah Sheppard. Klett Kinderbuch

Optische Täuschungen. Ars Edition
Querdenker. Rätsel, Tricks und Illusionen. Dorling Kindersley
Das Augenverwirrbuch. Verrückte Künstlertricks. Prestel Junior

Haie. Räuber der Meere (Memo Kids): Dorling Kindersley
Wale & Haie. Räuber der Meere (Lesen Staunen Wissen). Gerstenberg
Mein Leben als Hai. Steve Parker. Loewe

Das ist genau mein Ding! Meike Blatzheim/Beatrice Wallis (Hg.). Beltz & Gelberg
Jetzt tu ich was. Meike Blatzheim/Beatrice Wallis (Hg.). Beltz & Gelberg

Geschenke basteln! Antje von Stemm. Gerstenberg
Das Upcycling Buch für Kinder. Christine Renzler. Topp
Schneiden und falten. Annika Oyrabø. Beltz & Gelberg

Koch mal! Die neue Kochschule für Kids. Dorling Kindersley
Volle Pfanne! Cooler kochen mit Ben. Oetinger
Entdecke, was dir schmeckt. Anke M. Leitzgen & Lisa Rienermann. Beltz & Gelberg

Warum lachst du, Mona Lisa? 100 Rätsel der Kunst. Silke Vry. Prestel
Lustige Leute (Mach mal Kunst). Susie Brooks. Prestel Junior

Die Top 100 der gefährlichsten Kreaturen der Welt (Die Top 100). Ars Edition
Fiese Viecher. Die 100 unheimlichsten Tiere der Welt. Coppenrath

Unser Wald (Frag doch mal die Maus). Cbj
Das große Waldbuch. Entdecke über 350 Tiere und Pflanzen (Nature zoom). Coppenrath

Sterne. Wunder des Weltalls (Was ist was). Manfred Baur. Tessloff
Unterwegs zum Sternegucken. Erforsche den Himmel (Mein erstes). Justina Engelmann. Kosmos

Liebe in echt. Mara Andeck. Boje
Klär mich auf. 101 echte Kinderfragen rund um ein aufregendes Thema. Katharina von der Gathen/Anke Kuhl. Klett Kinderbuch

Der Erste Weltkrieg (Memo). Dorling Kindersley
Der Erste Weltkrieg. Hermann Vinke. Gerstenberg

Achtung, fertig, Baustelle! Wie ein Haus geplant und gebaut wird. Toyka/Regös/Ossenkop. Gerstenberg
Treppe Fenster Klo. Die ungewöhnlichsten Häuser der Welt. Aleksandra Machowiak/Daniel Mizieliński. Moritz

Alles lecker! Anke Kuhl/Alexandra Maxeiner. Klett Kinderbuch
Alle da! Unser kunterbuntes Leben. Anja Tuckermann/Tine Schulz. Klett Kinderbuch
Alles Familie! Vom Kind der neuen Freundin, vom Bruder von Papas früherer Frau und anderen Verwandten. Alexandra Maxeiner/Anke Kuhl. Klett Kinderbuch

DIE TITEL-REDAKTION

Wie machen Autoren ihre Texte verständlich? Oder leichter lesbar? Zum Beispiel durch Strukturieren. Kinder untersuchen in Sachbüchern allerlei Zwischentitel und versuchen dann, als „Redakteure", selber welche zu entwerfen. Bei „Redaktionsschluss" rauchen die Köpfe, und alle wundern sich, wie viele Informationen in kurzer Zeit erfasst und vielfältig gestaltet worden sind.

WAS ES BRAUCHT

- Sachbücher mit strukturiertem Text; eins davon mit Fließtext
- Arbeitsblatt *Die Titel-Redaktion*
- Kopien einer Doppelseite aus einem Sachbuch; die Zwischentitel durch Ziffern ersetzt
- Bunte Papierstreifen
- Schwarze Filzstifte
- Stuhlkreis
- 70 Minuten Zeit

SO GEHT'S

1

Im Kreis zeigt die Lehrerin zwei Sachbücher ähnlichen Inhalts, aber unterschiedlicher Gestaltung: Die Doppelseite des einen Buchs hat einen strukturierten Text mit mehreren Zwischentiteln, die Doppelseite des anderen Buchs einen Fließtext. „Was fällt euch beim ersten Blick auf? Wodurch unterscheiden sich die beiden Doppelseiten?"

2

Zunächst interessieren vor allem die Bilder, dann kommen auch Hinweise zum Text: „Hier sind lauter kleine Stücke, dort ist der Text eine lange Wurst." An diesem Punkt erklärt die Lehrerin, dass es sich bei dem einen Beispiel um einen strukturierten Text handelt, beim anderen um einen Fließtext. Beim einen Beispiel ist der Text „in Portionen aufgeteilt", beim anderen zieht er sich in Spalten über die ganze Seite.

3

Nach dieser ersten, sehr kurzen Runde gehen die Kinder zur vorbereiteten Sachbücher-Ausstellung: Dort sollen sie jeweils zu zweit ein Buch mit strukturiertem Text finden, daraus eine Doppelseite mit vielen „Portionen" wählen und dann dieses Buch mit aufgeschlagener Doppelseite auf den Boden in die Mitte des Sitzkreises legen. Also: „Zu zweit ein Buch. Und alles in zwei Minuten."

4

Jetzt stellen sich die Schüler rings um die Bücher, um sie aus der Vogelperspektive besser betrachten zu können. Bald fallen die vielen „Unterüberschriften“ auf: Sie haben eine andere Schriftart, Schriftgröße und Farbigkeit als die übrigen Texte. Wie verschiedenartig diese „Zwischentitel“ sein können, wird als nächstes untersucht, und zwar mithilfe des Arbeitsblatts *Die Titel-Redaktion* und eines Buchs, das die Schüler, wieder zu zweit, aus dem Angebot am Boden wählen.

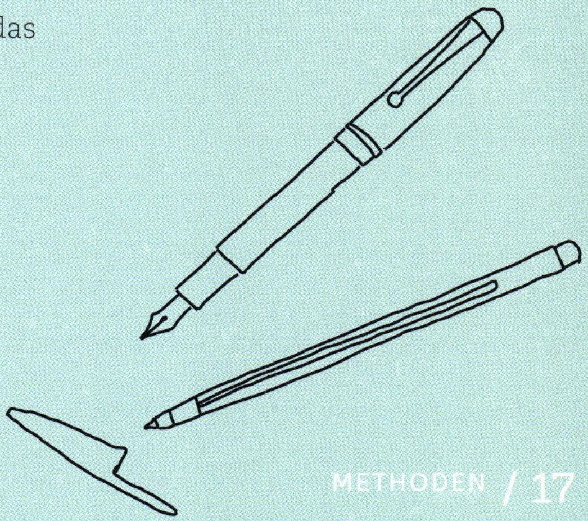

5

Nun ziehen sich die Teams zurück, um acht Minuten lang in ihrem Buch nach Zwischentiteln zu suchen: Jene, die besonders gut gefallen, werden aufgeschrieben, und auch das Buch selbst wird zitiert.

6

Im Stuhlkreis berichten die Kinder von ihrer Arbeit: „Wir haben nur Fragesätze gefunden.“ „Unser Buch ist ganz dünn, aber wir haben darin für fast alle Arten von Zwischentiteln ein Beispiel gefunden.“ Wenn die Klasse klein ist, kann jedes Team sein Buch zeigen und zitieren, alle Ergebnisse vorlesen und auch kommentieren. Bei größeren Gruppen erhalten die Teams eine Minute Zeit, sich auf ihre zwei „Top-Titel“ zu einigen. Dann werden diese, sozusagen Schlag auf Schlag, der Reihe nach vorgetragen. Dreiergruppen wählen drei Favoriten.

ARBEITSBLATT

DIE TITEL-REDAKTION

So können Zwischentitel aussehen:

- Mit Fragezeichen: *Wie viele Zehen?*
- Mit Ausrufezeichen: *Hilfe!*
- Mit Gedankenstrich: *Das Rad wird erfunden – aber nicht alle kriegen es mit.*
- Mit Doppelpunkt: *Zuchtziel: Farben*
- Mit Anführungszeichen: *„Fließende“ Gesteine*
- Mit Abkürzung: *TV-Star*
- Alliteration (Stabreim): *Hörner und Helme*
- Redewendung: *Aug um Auge, Zahn um Zahn*
- Lautmalerei: *Grrrr!*
- Nomen: *Riesendrachen*
- Adjektiv: *Staubig*
- Nomen mit Artikel: *Die Wikinger*
- Nomen mit Adjektiv: *Stinkende Töpfe*
- Nomen mit Verb: *Schwein gehabt*

In folgenden Büchern haben wir Zwischentitel untersucht:
(Buchtitel aufschreiben)

____

____

____

____

____

____

Diese Beispiele haben wir gefunden:
(Zwischentitel aufschreiben, die gefallen haben)

____

____

____

____

____

____

7

Mit diesen Beispielen im Ohr beginnt die „Eigenproduktion". Die Schüler sind jetzt „Redakteure", die für einen bereits vorhandenen Text tolle Zwischentitel finden sollen. Sie erhalten die Kopie einer Sachbuch-Doppelseite; die Zwischentitel sind von der Lehrerin abgedeckt und durch Ziffern ersetzt worden.

Zu jedem Absatz suchen nun die „Redakteure" einen Zwischentitel und schreiben ihn auf einen bunten Papierstreifen. Am Rand des Streifens wird die entsprechende Absatz-Ziffer notiert.

8

Nach dieser 15-minütigen „Redaktionsarbeit" versammeln sich alle wieder auf den Sitzstufen. Mittig am Boden liegt die kopierte Doppelseite; an dieser wurden nach und nach alle beschrifteten Papierstreifen angelegt, jeweils möglichst nah am entsprechenden Textblock.

9

Dann liest, abwechselnd, jemand die Zwischentitel vor – Absatz für Absatz. Nach jedem Absatz verrät die Lehrerin den mit Spannung erwarteten „richtigen“ Zwischentitel aus dem entsprechenden Buch. Diese Würdigung macht deutlich, wie kreativ die „Redakteure“ geworden sind und wie sehr sie sich um Originalität bemüht haben. Die Vorübung mit dem Arbeitsblatt hat Wirkung gezeigt!

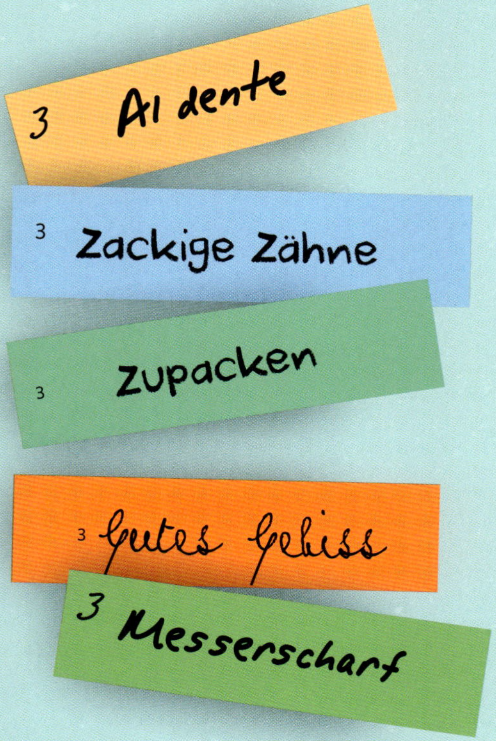

BÜCHERLISTE

Für diese *Titel-Redaktion* verwendeten wir folgende Bücher:

- **Das ist Philosophie!** Große Denker und ihre Ideen. Dorling Kindersley
- **Die Gletschermumie**. Mit Ötzi auf Entdeckungsreise durch die Jungsteinzeit. Gudrun Sulzenbacher. Folio
- **Eine kurze Geschichte von fast allem**. Ausgabe für junge Leser. Bill Bryson. Cbj
- **Fahrzeug Rekorde**. Die Größten! Die Schnellsten! Die Stärksten! Ars Edition
- **Geheimnis Tiefsee**. Leben in ewiger Finsternis (Was ist was). Dr. Manfred Baur. Tessloff
- **Luftfahrt**. Spannendes Wissen rund um die Welt des Fliegens. Herrik und Katja Lührs. Gerstenberg
- **Mode**. Was uns anzieht (Was ist was). Christine Paxmann. Tessloff
- **Ritter & Burgen** (WissensWelten). Philip Steele. Cbj
- **Schlangen**. Barbara Taylor. Kosmos
- **Stürme** (Insider Wissen plus). Mike Graf. Oetinger
- **Tiere** (WissensWelten). Miranda Smith. Cbj
- **Tiere als Baumeister** (Fakten Wissen Abenteuer). Arena
- **Wikinger** (Die Welt erleben und verstehen). Dorling Kindersley

Wir danken den genannten Verlagen für die vielfältige Unterstützung.

POP-UP-NEWS

Hier eine Klappe, da ein Pop-up, dort eine Drehanimation – Kinder lieben solche Mitmach-Bücher. Im Rahmen einer „Presse-Konferenz“ stellen sie die interaktiven Besonderheiten ihrer Bibliothek ins Rampenlicht. Eine aufregende Sache!

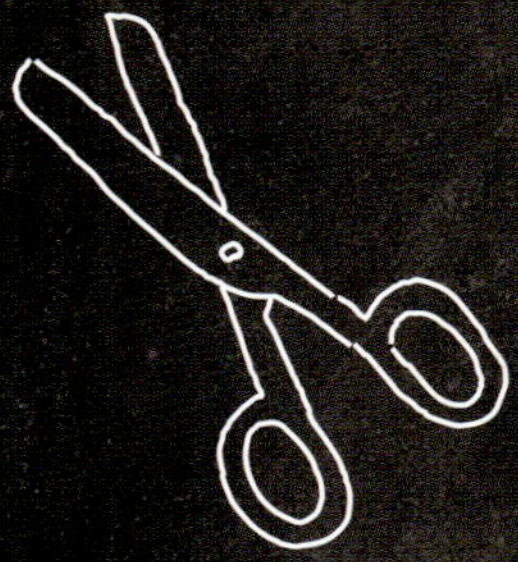

WAS ES BRAUCHT

- Sachbücher mit Pop-ups und großformatigen Bildern
- Informationen zum Beruf des Papier-Ingenieurs
- Arbeitsblatt *Pop-up-News*
- Tische als Ausstellungsfläche
- Klebezettel, buntes Papier, Stifte, Scheren, Klebeband
- Requisiten (Mikrofon, Plakat, Wassergläser usw.)
- 60 Minuten Zeit

SO GEHT'S

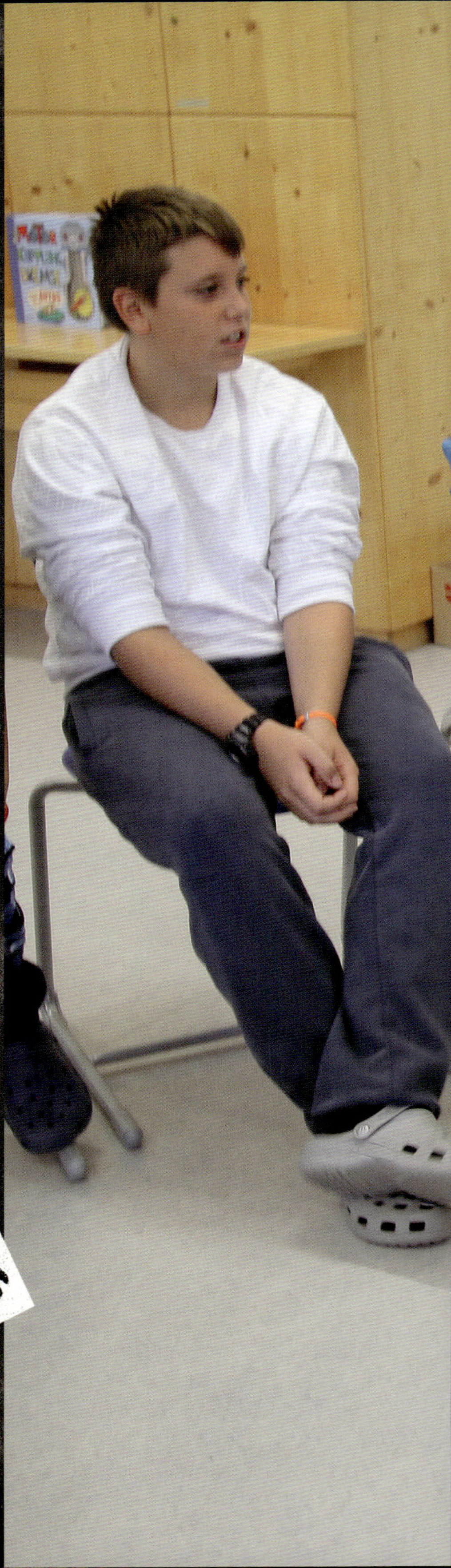

1

Gemeinsam wird geklärt, was über Pop-ups bekannt ist. Der Beruf des Papier-Ingenieurs ist sehr selten, deshalb gibt die Bibliothekarin Auskunft (siehe Seite 28).
Zur Veranschaulichung zeigt sie das Buch „600 schwarze Punkte“ von David A. Carter.

2

Dann kündigt die Bibliothekarin die heutige Veranstaltung an: eine Präsentation der „neuen“ interaktiven Bücher unserer Bibliothek! Dafür werden die Schüler Viererteams bilden und „Produzenten“ spielen: Verlegerin, Papier-Ingenieurin, Autor und Fotograf. Das Besondere dabei: Die Präsentation findet in Form einer Pressekonferenz statt. Die Verlegerin präsentiert also nur das neue Produkt und ihre Seilschaft. Dann lädt sie die Presseleute ein, Fragen zu stellen.

3

Erstmal müssen sich die Teams finden: Eine ist die Verlegerin, eine die Papier-Ingenieurin, einer der Autor, einer der Fotograf. Größere Teams haben z. B. auch eine Übersetzerin dabei. Dann begeben sich die Vierergruppen zur vorbereiteten Ausstellung, stöbern in den Pop-up-Büchern – und entscheiden sich für einen Titel: „Das ist jetzt unsere Neuerscheinung!“

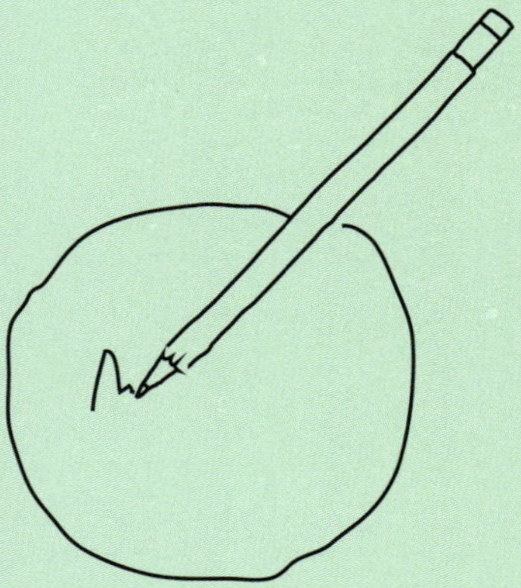

4

Die Teams einigen sich auf ihre Rollen und schreiben Namenskärtchen: mit dem echten Namen des Fotografen, des Autors oder des Papier-Ingenieurs – wie sie im Buch angeführt sind. Die Verlegerin verwendet ihren eigenen Namen oder erfindet einfach einen.

5

15 Minuten haben die Teams nun Zeit, ihr Buch anzuschauen und zu überlegen, was die Presseleute interessieren könnte. Als Hilfsmittel erhalten sie das Arbeitsblatt *Pop-up-News*. Außerdem sucht das Team nach zwei, drei Lieblingsbildern. Zum Markieren der entsprechenden Seiten werden Klebezettel verteilt.

6

Inzwischen bereitet die Bibliothekarin die Präsentation vor: Pressetisch, Mikrofon, Wassergläser, Plakat. Dann wird ein mutiges Team für die erste Präsentationsrunde gesucht. Es nimmt Platz, und alle anderen sind jetzt die Presseleute. „Bevor ihr eine Frage stellt“, sagt die Bibliothekarin, „solltet ihr euch vorstellen: Helene Maier vom ORF, zum Beispiel. Und natürlich müsst ihr euch überlegen, an wen ihr eure Frage richtet: an die Verlegerin zum Beispiel, wenn es um Kosten geht, oder an die Autorin bei der Frage nach einem Register.“

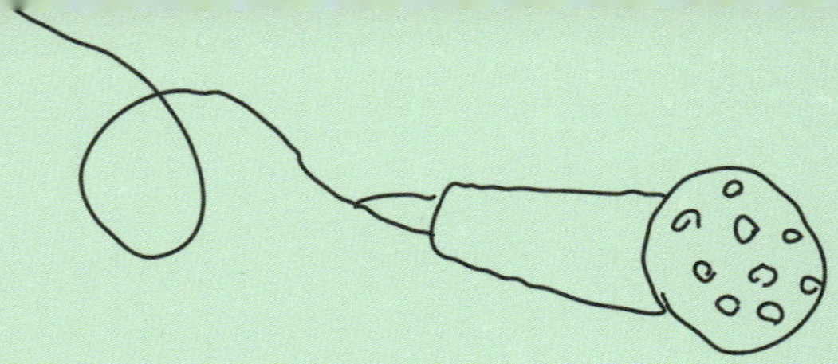

7

Dann geht's los: Eine Verlegerin eröffnet die Präsentation. Sie nennt ihren Namen und ihren Verlag, bedankt sich bei den Presseleuten fürs Kommen, zeigt stolz das neue Werk und stellt ihr Team vor. Dann lädt sie die Journalisten ein, munter Fragen zu stellen.

8

Eine Journalistin will von der Papier-Ingenieurin erfahren, welche Pop-up-Szene die aufwändigste war, und wo man diesen Beruf überhaupt erlernen kann. Die Ingenieurin ist vorbereitet: Sie erzählt Geschichten von verworfenen Mustern und einem Praktikum in den USA.

Ein Journalist kommt gar aus London: „Hello! I'm George from the BBC …"
So schlägt sich das Quartett tapfer ganze vier Minuten lang. Dann dankt die Verlegerin ihrem Team, Applaus Applaus – und alle vier gehen zurück … und sind jetzt Presseleute. Das nächste Team nimmt vorne Platz.

9

Mit dem Applaus für das letzte Team ist die Präsentation beendet. Dann werden alle wieder zu Schülerinnen und Schülern, die jetzt endlich schmökern, aufpoppen, zuklappen, weiterdrehen – und staunen dürfen.

BÜCHERLISTE

Für diese *Pop-up-News* verwendeten wir folgende Titel:

- **600 schwarze Punkte**. David A. Carter. Boje
- **Der Körper** (… unter die Haut geschaut). Dorling Kindersley
- **Dschungel**. (Natur in 3D). Dorling Kindersley
- **Entdeckungsreise zum Südpol**. Cbj
- **Krabbeltiere** (3D Entdecker). Dorling Kindersley
- **Mathe sofort kapiert**. Dorling Kindersley
- **Motor Kupplung Bremse**. Autos einfach gut erklärt. Carlsen
- **Querdenker**. Rätsel, Tricks und Illusionen. Dorling Kindersley
- **Raubkatzen** … zum Greifen nah. Tessloff
- **Roboter-Werkstatt**. 3 Roboter mit Motor. Carlsen
- **The Pop-up Giraffes Cant´t Dance**. Orchard Books
- **Tiere als Baumeister** (Fakten Wissen Abenteuer). Arena
- **Wunderwesen aus der Tiefe**. Err.st Haeckel. Prestel
- **Zauberklang der Vögel**. Val Davies. Ravensburger

Wir danken den genannten Verlagen für die vielfältige Unterstützung.

Interview mit der Papier-Ingenieurin Antje von Stemm

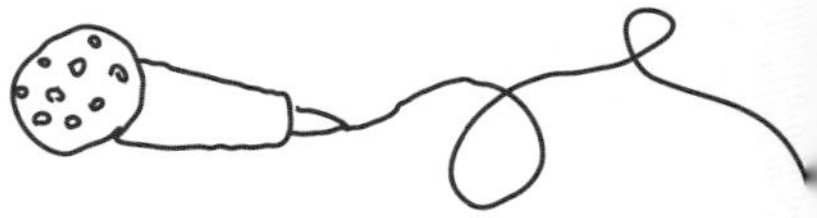

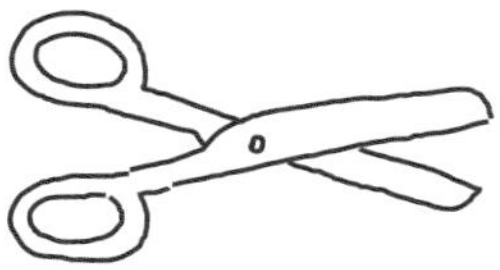

Wie kann man Papier-Ingenieurin werden?
Leider ist dieser Beruf kein „richtiger“ Ausbildungsberuf. Aber alle Leute, die diesen Beruf praktizieren, haben ihr Handwerk trotzdem irgendwie gelernt. Die meisten, auch ich, haben sich zunächst einmal möglichst viel selbst beigebracht. Ich habe zum Beispiel alle Pop-up-Bücher gekauft, die ich finden konnte, und hab sie auseinandergenommen. Dann habe ich mir die Mechanismen ganz genau angeschaut und versucht, etwas Ähnliches nachzumachen.

Wo haben Sie Ihre Ausbildung gemacht?
Ich habe großes Glück gehabt: Erst habe ich auf einer Buchmesse eine Firma kennengelernt, die Pop-ups entwirft und an Verlage verkauft. Dann hat mich diese Firma zu einem dreimonatigen Praktikum nach Santa Fe, New Mexico USA eingeladen. Und gleich nach dem Praktikum konnte ich dort auch anfangen zu arbeiten, insgesamt bin ich dann über eineinhalb Jahre dort gewesen und habe viel gelernt, das war toll!

Was muss man für diesen Beruf besonders gut können?
Man braucht ein gutes dreidimensionales Vorstellungsvermögen, damit man sich die flachen Schnittmuster der Pop-ups auch aufgestellt gut vorstellen kann. Und viel Disziplin, denn manche Mechanismen müssen oft überarbeitet werden, bis sie problemlos „aufpoppen“.

Warum sind Sie Papier-Ingenieurin geworden?
Ich mochte Pop-up-Bücher immer schon, ich liebe den Überraschungs-Effekt, den diese Bücher haben. Das ist doch fantastisch, was alles zwischen zwei Buchdeckel passt! Als ich mitbekommen habe, dass es einen Beruf dazu gibt, war klar: Das wollte ich auch können.

Haben Sie zu Hause viele Papiere? Wo tun Sie die hin?
Ich habe ein Atelier, in dem ich fast alles an Arbeitsmaterial aufbewahre. Für Papiere habe ich eine große Kommode mit vielen flachen Schubladen. Aber irgendwie scheine ich magnetisch zu sein für Material – es sammelt sich immer viel zu viel in meiner Nähe an …

Werden die Pop-ups maschinell gefertigt? Wie funktioniert das?
Nein, die werden zum großen Teil in Handarbeit gefertigt. Die Druckbögen werden natürlich mit Maschinen gedruckt, und auch das Ausschneiden der Einzelteile macht niemand mit einer Schere. Das wird mit großen Stanzen erledigt, die sehen wie komplizierte Keks-Ausstechformen aus. Aber dann geht die Arbeit erst richtig los: Alle einzelnen Teile müssen von Hand richtig vorgefaltet und in das Buch hineingeklebt werden. In großen Hallen an langen Tischen. Jede Arbeiterin – es sind fast nur Frauen – ist dabei für ein einziges Teil zuständig. Dann muss eine Frau also z. B. tagelang immer nur einen Monsterarm an ein Monster kleben. Weil Handarbeit aber so teuer ist, werden solche Pop-up-Bücher fast ausschließlich in Asien gefertigt.

>> *www.vonstemm.com*

ARBEITSBLATT

POP-UP-NEWS

Fragen an die Verlegerin

Gibt es nicht schon genügend Bücher zu diesem Thema?
Für welches Alter ist dieses Buch gedacht?
War es schwierig, für dieses Thema eine Papier-Ingenieurin zu finden?
...

Fragen an den Papier-Ingenieur

Was sollte man für diesen Beruf besonders gut können?
Müssen Sie für ein Pop-up viele Muster herstellen?
Arbeiten Sie nur mit Papier?
...

Fragen an die Autorin

Haben Ihre Texte immer Platz, oder müssen Sie oft kürzen?
Haben Sie nur im Internet recherchiert, oder auch vor Ort?
Werden Fachausdrücke erklärt?
...

Fragen an den Fotografen

Wo haben Sie die Fotos gemacht?
Welches Bild war schwierig zu fotografieren?
Haben Sie ein Lieblingsbild in diesem Buch?
...

Der Fehlerteufel

Aus Fehlern lernen – und zwar aus solchen, die sich in einen Sachtext eingeschlichen haben. Eine anschließende gründliche „Fahndung“ darf natürlich nicht ausbleiben. Dazu müssen sich die Schüler intensiv mit Sachbüchern auseinandersetzen: einmal, um im eigenen Text „schlaue“ Fehler zu verstecken, und das andere Mal, um in den Texten der anderen deren Fehler zu finden. Ganz nebenbei lernen sie eine ganze Reihe von Sachbüchern kennen.

WAS ES BRAUCHT

- Viele Sachbücher
- Stuhlkreis
- 40 Minuten Zeit

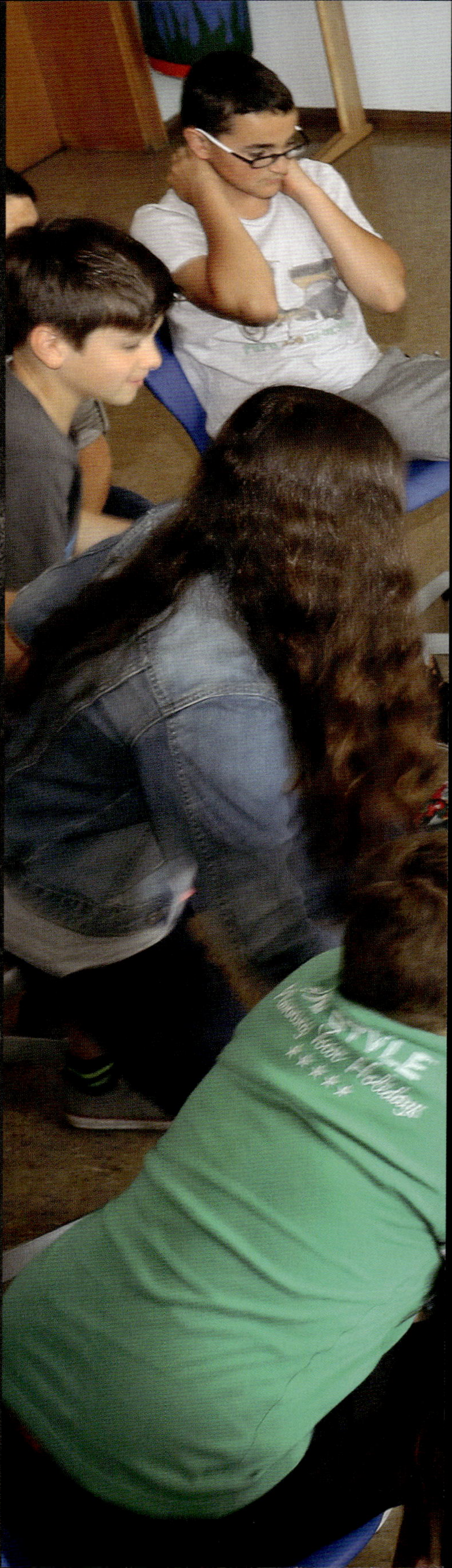

Rund um den Fußball
Wieso? Weshalb? Warum?
Pinguin
Gerda Gelse
FACEBOOK TWITTER & Co.
AUTOS
Haie
Schiffe

SO GEHT'S

1

Am Boden sind Sachbücher unterschiedlichster Art spiralförmig ausgelegt. Die Lehrerin fischt einen Titel und demonstriert damit die Methode. „Ich habe dieses Buch gewählt, darin einen ganz kleinen Absatz gesucht und dort zwei Fehler hineingeschmuggelt. Aber Achtung: Zahlen hab ich nicht verändern dürfen! Ich lese das kurze Stück jetzt vor – mal sehen, ob ihr draufkommt, wo das Fehlerteufelchen zugeschlagen hat."

2

Schnell haben die Kinder die beiden Fehler entdeckt und begriffen, wie der *Fehlerteufel* funktioniert. Weil es kurzweiliger ist, dürfen sie zu zweit arbeiten. Jedes Paar wählt ein Buch, darin einen kurzen Text, und überlegt, wie es diesen verändern könnte. Sieben Minuten reichen, um die zwei Fehler einzubauen.

3

Präsentation! Der Reihe nach stellt jedes Team seinen Text vor. Zuerst zeigt der eine das Buch, nennt den Titel und sagt, worum es im ausgewählten Absatz geht. Dann liest der andere den Text samt den zwei eingebauten Fehlern vor.

4

Nun ist das Publikum gefragt. Manchmal ist ein sehr schwieriger Fehler eingeschmuggelt worden und es gelingt den Kindern nicht, ihn zu entdecken. Dann ersucht die Lehrerin das Team, jenen einen Satz, in dem sich der noch nicht gefundene Fehler versteckt, noch einmal vorzulesen.

5

Dann ist auch der letzte Fehler gefunden und es gibt kräftigen Applaus, vielleicht auch ein Schmunzeln über die Spitzfindigkeit, mit der ein Text inhaltlich verändert wurde. Wenn Zeit bleibt, ergänzt eine Buchvorstellung diese kurzweilige, gleichwohl lehrreiche Präsentation.

BÜCHERLISTE Für diesen *Fehlerteufel* verwendeten wir folgende Titel:

- **Autos** (Explorer). Brigitte Hoffmann. Carlsen
- **Der Mensch** (Memo clever). Dorling Kindersley
- **Die Gletschermumie**. Gudrun Sulzenbacher. Folio
- **Die Top 100 der gefährlichsten Kreaturen der Welt** (Die Top 100). Ars Edition
- **Dinosaurier** (Memo clever). Dorling Kindersley
- **Facebook, Twitter & Co.** (Explorer). Thomas Feibel. Carlsen
- **Fiese Viecher**. Die 100 unheimlichsten Tiere der Welt. Coppenrath
- **Gerda Gelse**. Allgemeine Weisheiten über Stechmücken. Heidi Trpak / Laura Momo Aufderhaar. Tyrolia
- **Haie**. Räuber der Meere (Memo Kids): Dorling Kindersley
- **Hör mal, das Meer lebt!** Holger Haag / Manfred Rohrbeck. Coppenrath
- **Im Zoo** (Frag doch mal die Maus). Cbj
- **Mein Leben als Frosch**. Steve Parker. Loewe
- **Mein Leben als Pinguin**. Steve Parker. Loewe
- **Mineralien und Fossilien** (Naturführer für Entdecker). Cbj
- **Mode**. Was uns anzieht (Was ist was). Christine Paxmann. Tessloff
- **Mount Everest**. Spurensuche in eisigen Höhen (Abenteuer & Wissen). Maja Nielsen. Gerstenberg
- **Professor Astrokatz – Universum ohne Grenzen**. Dominic Walliman / Ben Newman. Nord Süd
- **Rasend schnell + tierisch langsam**. 60 extreme Gegensätze, die verblüffen. Jürgen Brater. Beltz & Gelberg
- **Reptilien und Amphibien** (Naturführer für Entdecker). Cbj
- **Roboter**. Superhirne und starke Helfer (Was ist was). Dr. Bernd Flessner. Tessloff
- **Rund um den Fußball** (Wieso? Weshalb? Warum?). Ravensburger
- **Schiffe** (Frag doch mal die Maus). Cbj
- **Wer will fleißige Handwerker sehn …** Harald Larisch. Hinstorff

Wir danken den genannten Verlagen für die vielfältige Unterstützung.

A, B ODER C?

Ein kurzweiliges Ratespiel rund ums Glossar: Schüler studieren Listen schwieriger Wörter, um knifflige Quizfragen zu basteln. Dabei lernen sie die Wissensbücher ihrer Bibliothek – und nebenbei ein bewährtes Recherche-Werkzeug näher kennen.

WAS ES BRAUCHT

- Sachbücher mit Glossar
- Tische als Ausstellungsfläche
- Karten-Sets „A, B, C“ (eins für jedes Dreier-Team)
- Stuhlkreis
- 50 Minuten Zeit

SO GEHT'S

1

Eine kleine Ausstellung von Sachbüchern steht bereit: Art, Thematik und Zielgruppe, erklärt die Bibliothekarin, sind unterschiedlich, doch eines haben sie gemeinsam: ein Glossar.

Dann suchen die Kinder – jeweils zu dritt und in vier Minuten – in dieser Ausstellung nach einem Buch, das sie besonders interessiert.

B

2

Das nun folgende Ratespiel wird anhand eines Beispiels erklärt: Die Bibliothekarin hat ein Buch über Wildschweine gewählt und zeigt dessen letzte Seite: das Glossar. Daraus hat sie den Begriff „Suhle" gepickt – doch sie nennt ihn nicht! Sie liefert nur die Erklärung dazu:

„Es handelt sich um ***eine schlammige, oft noch mit Wasser gefüllte Vertiefung im Boden. Dort hinein legen sich Wildschweine sehr gern***.

„Ist dies nun – A: eine **Rotte**? Oder B: eine ***Suhle***? Oder C: ein ***Wurfkessel***?" Alle drei Begriffe stammen aus dem Glossar.

„Einer von euch gibt die Erklärung zum gewählten Begriff“, erklärt die Bibliothekarin weiter, während sie sich hinter ein Dreier-Team stellt und die Hand auf die Schulter des Ersten legt.
Dann stellt sie sich hinter den zweiten Schüler in diesem Dreierteam: „Der Zweite fragt nach drei möglichen Begriffen: Ist das A: ... , oder B: ... , oder C: ... ? Der Dritte (Hand auf Schulter des Dritten) kommt erst später zum Zug: Erst dann, wenn die Klasse richtig geraten hat, zeigt er ein Bild aus dem Buch. Dieses Bild kann zu A, zu B oder zu C passen.“

Anschließend verteilt die Bibliothekarin an jede Gruppe ein Karten-Set (A, B und C) – und los geht's!
Jedes Dreier-Team hat nun ganze sieben Minuten Zeit, das Glossar zu studieren und darin einen Begriff samt Erklärung zu suchen. Dann muss es überlegen, welche zwei weiteren Begriffe aus dem Glossar zur gewählten Erklärung passen könnten. Und schlussendlich gilt es, ein passendes Bild zu einem der drei Begriffe zu finden.

5

Präsentation! Das erste Team stellt ein „Roboter“-Buch vor. Es hat sich für den Begriff „Humanoider Roboter“ entschieden. Nun liest der Erste die Erklärung dazu vor (nicht den Begriff!): Es handle sich um einen **Roboter mit der Gestalt eines Menschen. Er hat zwei Arme, zwei Beine, einen Körper und einen Kopf, aber keine menschliche Mimik oder Gestik.** Dann liefert der Zweite drei Begriffe zur Wahl: „Ist das – A: ein Android? Oder B: ein Humanoider Roboter? Oder C: ein Industrieroboter?“

6

Der Dritte im Bunde des „Roboter"-Teams gibt der Klasse nur eine Minute Zeit zu beratschlagen. Dann müssen alle Teams eine ihrer drei Karten (A, B oder C) umgedreht auf den Boden legen. Sobald alle Scheiben abgelegt sind, werden sie auf sein Kommando aufgedeckt. Blick in die Runde: Wer hat wie getippt? Anschließend zeigt er ein Foto mit Androiden. Unsere „Roboter-Experten" genießen den verdienten Applaus … und das nächste Team stellt sich der Herausforderung!

BÜCHERLISTE Für dieses *A, B oder C?* verwendeten wir folgende Titel:

- **13 Fotos, die die Welt bewegten** (Kunst für Kids). Brad Finger. Prestel Junior
- **Das Wildschwein** (Meine große Tierbibliothek). Esslinger
- **Erde** (Expedition Wissen). Ravensburger
- **Insekten & Spinnen** (Insider Wissen). Oetinger
- **Nicht spülen!** Eine Expedition ins Klo. Mary & Richard Platt. Oetinger
- **Rette sich, wer kann**. Klett Kinderbuch
- **Roboter**. Superhirne und starke Helfer (Was ist was). Dr. Bernd Flessner. Tessloff
- **Schlangen**. Jäger mit dem sechsten Sinn (Was ist was). Nicolai Schirawski. Tessloff
- **Sterne und Planeten** (Wissens-Welten). Dr. Mike Goldsmith. Cbj
- **Tanz**. Immer im Takt (Was ist was). Christine Paxmann. Tessloff
- **Titanic**. Untergang eines Traums. Cbj
- **Wetter** (Wissen mit Links). Dorling Kindersley

Wir danken den genannten Verlagen für die vielfältige Unterstützung.

DAS KÖNIGLICHE ABC

Mit Puzzleteilen und viel Spaß nähern sich Kinder einem „fabelhaften“ Prinzessinnenbuch. Dabei erfahren sie, welchem Schema seine Machart folgt, und produzieren dann nach gleichem Muster eigene Texte. Obendrein verführt das Buch zum Theaterspielen.

WAS ES BRAUCHT

- Buch „ABC der fabelhaften Prinzessinnen“ von Willy Puchner, © 2013 NordSüd Verlag, Zürich
- Fünf Bilder aus diesem Buch: jedes einmal ganz, und einmal in vier Teile zerschnitten
- Die entsprechenden Texte zu den fünf Bildern (eine Kopie für jedes Kind)
- Dose für die 20 Puzzleteile
- Arbeitsblatt *Das königliche ABC* (ein Blatt pro Vierergruppe)
- Fünf Tische
- 90 Minuten Zeit

Willy Puchner hat ein weiteres ABC-Buch geschaffen, das sich ebenso für diese Methode eignet, und zwar das Bilderbuch „ABC der fantastischen Prinzen“, © 2014 NordSüd Verlag

1

SO GEHT'S

Zunächst eine beschwingte Gruppenbildung: Jedes Kind zieht aus der Dose ein farbiges Puzzleteil und begibt sich auf die Suche nach den drei fehlenden Stücken. Sobald sich die Vierergruppe gefunden hat, werden die Puzzleteile gegen das ganze Bild ausgetauscht.
Sofort vertiefen sich die Kinder ins Bild und erzählen einander im Flüsterton, was ihnen auffällt: Schnabel, Krone, Prachtkleid, Begleitfigur, Buchstabe, ...

2

Dann verteilt die Lehrerin an jedes Team die entsprechenden Texte. Neugierig beginnen die Kinder zu lesen und erfahren, wie die Frau im Bild heißt, woher sie kommt, dass sie eine Prinzessin ist, dass sie Vorlieben hat, … und dass sie ein ungewöhnliches Geschenk für Prinz Willem mitbringt. Schmunzeln, Staunen – was für ein seltsamer Text.

Da nun jedes Team seine Prinzessin vorstellen soll, muss es für die Präsentation die Aufgaben verteilen.

3

Dann geht's los: „Unsere Prinzessin heißt Queena. Sie kommt aus Queensland, ist quietschig und quengelig, quatschig und querdenkerisch. Von ihrem Vater Quintus bekam sie eine Querflöte. Sie isst am liebsten …" Bei der Präsentation wird eines klar: Im Text jeder Gruppe häufen sich Wörter mit gleichem Anfangsbuchstaben.

4

Sobald die Prinzessinnen vorgestellt sind und alle Bilder an der Magnettafel hängen, werden sie miteinander verglichen. Die Kinder stellen überrascht fest, dass nicht nur die „eigene" Prinzessin einen Schmuck und ein besonderes Kleid trägt, oder mit Schnabel und Krone ausgestattet ist. Die Lehrerin verweist auf weitere Besonderheiten: Was fällt bei der Körperhaltung auf, oder bei der Farbgebung … und welche Funktion hat der Buchstabe? Um welches Buch könnte es sich handeln?

Das kann nur ein „Prinzessinnenbuch" sein!

Und weil zu jeder Prinzessin ein Buchstabe gehört, könnte dieses Buch etwas mit dem Alphabet zu tun haben … und müsste folglich noch weitere 21 Prinzessinnen bergen.

5

Nach diesen Überlegungen zeigt die Lehrerin das Buch. Es ist mit Zeitungspapier umwickelt. Wie könnte das Buch heißen? Titelvorschläge werden gesammelt und an die Tafel geschrieben. Dann wird das Buch enthüllt – und das Rätsel gelöst.

6

Die Kinder kennen jetzt den Titel des Buchs und haben auch einen Blick auf die vielen Prinzessinnen geworfen. Sie haben Gemeinsamkeiten entdeckt, Wiederholungen, ein bestimmtes Muster.
Gibt es ein solches Muster auch im Text? Ein Vergleich der Anfangssätze bestätigt dies. Auch die weiteren weisen ein strenges Schema auf. Und alle Prinzessinnen bringen ein Geschenk mit für Prinz Willem. Wer ist dieser Prinz? Welche Rolle spielt er? Vermutungen werden angestellt.

7

Das Buch mit dem klaren Gestaltungsmuster lädt zum Nachmachen ein.
Die Kinder entwickeln einen Steckbrief für eine eigene Prinzessin. Dazu benutzen sie das Arbeitsblatt, das die Lehrerin an jedes Team verteilt.
Zunächst entscheidet sich jedes Team für einen Buchstaben und teilt diesen der gesamten Klasse mit. So lassen sich Doppelungen vermeiden.

Dann sammelt jedes Team zu seinem Buchstaben Wörter. Ein schneller Schreiber übernimmt das Eintragen in den Steckbrief. Alle Wortmeldungen werden aufgeschrieben. Auch wenn die Kinder zunächst „zahme“ oder „normale“ Worte finden – im Lauf der Zeit werden die Einfälle kreativer und pfiffiger. Je länger die Liste, desto größer die Auswahlmöglichkeit bei der anschließenden Vorstellung.

8

Die Präsentation wird spaßig; vor allem dann, wenn Kinder Lust auf Theater haben und sich gerne spontan verkleiden. Schnell werden Rollen verteilt: Zofe, Prinzessin, Prinz, Kammerdiener, und schon beginnt das Spiel. Jedes Team präsentiert seine „Prinzessin".

Mit viel Brimborium verweist die Zofe auf die Vorzüge ihrer Prinzessin. Prinz und Kammerdiener hören aufmerksam zu und überlegen, ob diese Prinzessin und das mitgebrachte Geschenk ihren Vorstellungen entsprechen.
Zum Abschluss gibt es noch eine Überraschung: Die Lehrerin zeigt ein weiteres Bilderbuch von Willy Puchner – es gibt doch tatsächlich ein „ABC der fantastischen Prinzen"!

ARBEITSBLATT

DAS KÖNIGLICHE ABC

Name	Woher sie kommt	Wie sie ist	Was sie gerne isst	Was sie besonders liebt	Was sie Willem mitbringt

Steckbrief
Name
Herkunftsland
Wie sie ist
Lieblingsspeisen
Was sie besonders mag
Mitbringsel für Willem

FISCHEN IM WÖRTERSEE

In kleinen und einfachen Schritten nähert sich eine ganze Klasse gemeinsam hoher Illustrationskunst. Nebenbei erweitern die Schüler ihren Wortschatz, schärfen den Blick und üben sich im Argumentieren. Oder im mehrsprachigen Austausch. Ein spannender „Tauchgang“ in die Welt des Bilderbuchs – auch für die Großen.

WAS ES BRAUCHT

- Buch „Heute bin ich“, Mies van Hout, © 2012 aracari verlag, Zürich
- Die 20 Fische aus diesem Buch als Bildkarten
- Die 20 Wörter aus diesem Buch als Wortkarten
- Rhythmische Musik
- 40 Minuten Zeit

Mies van Hout hat mehrere Glanzwerke geschaffen, die sich für die Methode *Fischen im Wörtersee* eignen, u. a. das Bilderbuch „Überraschung!“ (aracari). Auch dieses nach dem Motto: ein Wort, ein Bild.

NIKE
sorglos
glücklich

SO GEHT'S

1

Heute präsentiert die Bibliothekarin, vorerst, kein Buch, sondern nur 20 Wortkarten. Jeder Schüler zieht einen Streifen und liest – ganz heimlich, denn die anderen sollen nicht sehen oder hören, welches Wort er gezogen hat. „Damit machen wir nämlich ein Ratespiel“, erklärt die Bibliothekarin, und stellt auch gleich die Frage „Wer von euch kann uns das, was auf seiner Karte steht, zeigen? Aber ohne Worte! Nur mit Mimik und Gestik.“

2

Viele brennen darauf, sich in Pose zu setzen. Manche sind verdutzt: Wie soll man bloß „verlegen“ zeigen? Oder „sorglos“? Eine Schülerin hat „böse“ erwischt und versucht nun, diesen Begriff mimisch darzustellen. Die anderen raten: Stark? Stur? Eigensinnig? Trotzig? Entschieden? Grimmig? Zornig? Böse? Furioso?
Endlich! Die Schülerin lacht und lehnt sich entspannt zurück – „böse“ ist der gesuchte Begriff. Helene und Federico haben ihn gleichzeitig eingeworfen. Die Raterunde geht heiter weiter.

3

Dann verrät die Bibliothekarin, dass es zu diesen Wörtern Bilder gibt, „lauter Fische“. Und diese Bilder seien im Gymnastikraum am Boden ausgelegt. Gemeinsam begibt sich die Gruppe dorthin; mit Wortkarte. Um die Fische näher kennen zu lernen, marschieren nun alle um den „Teich“ herum, mit beschwingter Musik, und überlegen dabei: Zu welchem Fisch passt mein Wort am besten? Wenn die Musik plötzlich aussetzt, sucht jeder „seinen“ Fisch, legt die Karte ab und bleibt dahinter stehen.

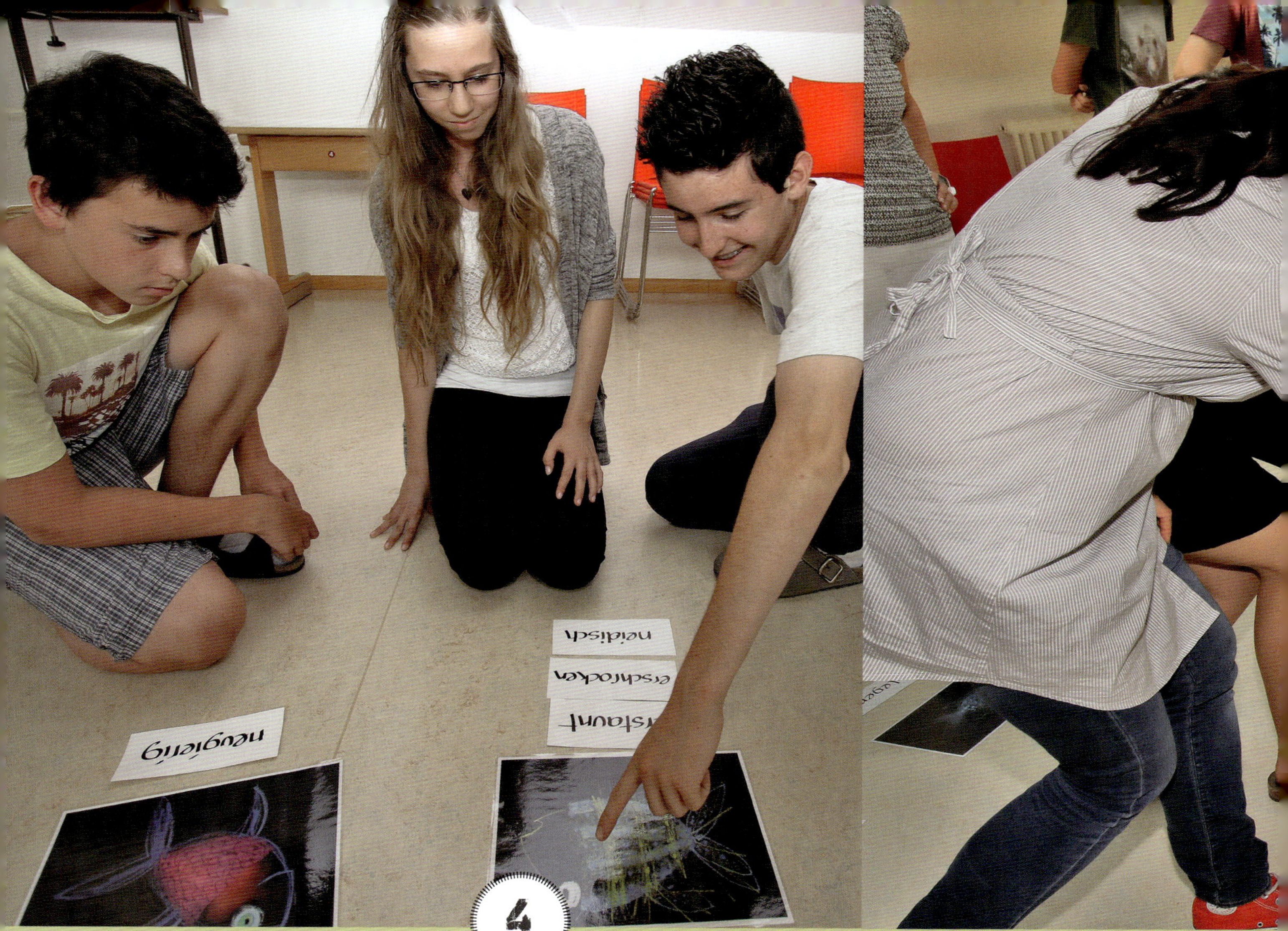

4

TIPP

Die Bildkarten wirken am besten im Original, deshalb sollte man dafür ein (zweites) Bilderbuch zerlegen. Die Mehrkosten lohnen sich!

Überraschung: Manche Fische sind „wortlos“ geblieben, dabei ist doch für jeden ein Wort vorgesehen! Um andere Fische scharen sich gleich mehrere Karten – und entsprechend viele Schüler. Diese begründen nun, warum sie Ihre Karte hier und nicht anderswo abgelegt haben. Die Großgruppe ist eingeladen, mitzureden. Die Zweifelsfälle wandern in die Mitte des „Teichs“. In der gemeinsamen Diskussion zeigt sich, dass bestimmte Details eine wichtige Rolle spielen: Ist das Auge des Fisches offen oder geschlossen, die Pupille groß oder klein? In welche Richtung geht der Blick? Wie sind die Flossen gestellt? Und warum hat das Schuppenkleid genau diese Farbe?

5

Damit sind die Weichen gestellt für vier „Kontrollrunden“. Auf Kommando bewegt sich die Gruppe drei Bilder weiter: eins, zwei, drei und stopp! Jeder konzentriert sich auf die Zuordnung zu seinen Füßen: Bin ich damit wirklich einverstanden? Oder liegt in der Mitte des „Teichs“ womöglich ein trefflicheres Wort? Wer zweifelt, legt sein Wort in den „Teich“, und wenn er darin ein besseres findet, fischt er es heraus.

Nächste Kontrollrunde: eins, zwei, drei und …

6

Noch immer liegen Wortkarten in der Mitte des Kreises. „Fragen wir doch die Künstlerin“, sagt jetzt die Bibliothekarin. „Alle diese Fische und Wörter stammen nämlich aus einem ganz speziellen Werk.“ Mit schelmischer Miene zieht sie das Bilderbuch „Heute bin ich“ hervor, erzählt über Mies van Hout, schlägt Seiten auf, blättert weiter – und die Gruppe schaut und staunt.

MEIN KOMMENTAR

Bildbetrachtung einmal anders: Zuerst werden zu einem Bild sehr persönliche Kommentare verfasst, dann diese von der Gruppe kommentiert. Eine spannende Übung, bei der man lernt, sich auf die Ansichten anderer Menschen einzulassen und deren Wahrnehmung zu würdigen.

WAS ES BRAUCHT

- Ein Bild aus einem Buch
- Leeres Blatt, Schreibunterlage und Bleistift (für jeden Schüler)
- Stuhlkreis
- 50 Minuten Zeit

Für die Methode *Mein Kommentar* verwendeten wir das Bilderbuch „Wenn die Ziege schwimmen lernt“ von Nele Moost und Pieter Kunstreich, © 2010 Beltz & Gelberg Verlag, Weinheim Basel.

SO GEHT'S

1

Die Lehrerin hat ein großformatiges Bild aus einem Buch gewählt, den Text abgedeckt und den Buchumschlag in weißes Papier gehüllt. Schreibunterlagen, ein Stapel Blätter und Bleistifte liegen bereit.

2

Nun präsentiert sie das präparierte Bild (der Text ist abgedeckt). Während sie im Stuhlkreis langsam einige Runden dreht und Gelegenheit gibt, das Bild aus der Nähe zu betrachten, fordert sie die Schüler auf, ihre Gedanken auf das leere Blatt zu schreiben: „Lasst das Bild auf euch wirken. Wie geht es euch dabei? Was löst das Bild in euch aus? Erinnerungen? Fragen? Zweifel?“ Sie bittet darum, in ganzen Sätzen und leserlich zu schreiben. „Und zieht zum Schluss einen Strich unter eure Zeilen.“

3

Während die Schüler schreiben, dreht die Lehrerin noch zwei Runden mit dem Bild in der Hand. Dann sind alle fertig und haben einen Strich gezogen. „Jetzt tauschen wir den Platz", erklärt die Lehrerin weiter. „Das Blatt, die Schreibunterlage und der Bleistift aber bleiben liegen, nur ihr selber wechselt den Platz. Und dann kommentiert ihr den Kommentar, den ihr am neuen Platz vorfindet."

4

Sobald alle Platz getauscht haben, präzisiert die Lehrerin ihren Auftrag: „Lest den Text eurer Mitschülerin oder eures Mitschülers und schreibt dann eure Gedanken dazu. Sagt, was euch an ihren oder an seinen Zeilen besonders gut gefällt. Oder auffällt. Oder was euch verwundert. Und wichtig: Signiert eure Rückmeldung! Vorname genügt. Und dann wieder Strich darunter und Platzwechsel."
Für die Verständigung untereinander reichen ein Blick in die Runde und ein Kopfnicken.

5

Jetzt sind alle schwer beschäftigt mit Lesen, Nachdenken und Kommentieren. Immer wieder wird gewechselt, kommentiert, und wieder stumm nach dem nächsten freien Platz gesucht.
Wenn der Großteil der Gruppe etwa viermal Platz getauscht hat, gibt die Lehrerin ein Zeichen, und jede kehrt an ihren ursprünglichen Platz zurück. Manche platzen vor Neugier: Welche Kommentare stehen unter meinem Text? Und wer hat sie geschrieben?
Es folgen Minuten intensiver Lektüre, kein Laut in der Runde, nur Schmunzeln. Oder Stirnrunzeln.

6

In der abschließenden Gesprächsrunde fragt die Lehrerin, ob jemand seine Rückmeldungen vorlesen möchte, „einen Kommentar zum Beispiel, der euch besonders gefreut hat." Gespannte Stille – dann traut sich eine. Bald entwickelt sich ein angeregter Austausch mit berührenden Momenten der Vertrautheit, auch Betroffenheit.
Zuweilen kann es ziemlich lange dauern, bis alle Kommentare zu den Kommentaren fertig kommentiert sind ...

WEITERE BÜCHER

mit denen wir die Methode *Mein Kommentar* erprobt haben:

- Zullo, Germano/Albertine: **Wie die Vögel**. Aus dem Französischen von Ingrun Wimmer. Aladin
- Duda, Christian/Friese Julia: **Alle seine Entlein**. Beltz & Gelberg
- Buchholz, Quint: **Der Sammler der Augenblicke**. Hanser
- Heidelbach, Nikolaus: **Wenn ich groß bin, werde ich Seehund**. Beltz & Gelberg
- Pinfold, Levi: **Der schwarze Hund**. Aus dem Englischen von Nicola T. Stuart. Jakoby & Stuart
- Van Allsburg, Chris: **Die Geheimnisse von Harris Burdick**. Aus dem Amerikanischen von Henning Ahrens. Aladin
- Wolfsgruber, Linda: **Fisch!** NordSüd

Wir danken den genannten Verlagen für die vielfältige Unterstützung.

Bei diesem Bild sieht man, wie ungerecht die Welt ist! Es macht mich wütend, denn ich finde es nicht gut, dass man gleich ausgelacht oder ausgespottet wird, wenn man etwas nicht so gut kann! Das Pferd versucht ja, hinauf zu kommen!

Man soll an sich glauben! Man soll glauben, dass man alles schaffen kann!
Paolo

Aber was hat es für einen Sinn für ein Pferd, auf einen Baum zu klettern. Vielleicht ist es wie ein Buch aus meiner Kindheit, wo meine Mutter und ich viel gelacht haben. Da ging es um Tiere, die spielten „tot sein".
Manuel

Mich erinnert das an Leute, die andere auslachen und selber nicht besser sind. Denn der Ast vom Affen bricht ja auch bald. Ich habe selber einmal etwas erlebt, dass ich dann ausgelacht wurde.
Vera.

Ich finde es witzig, wie das Pferd schaut. Aber ich frage mich, warum du ausgelacht wurdest.
Noah

Figuren finden

Mit ausgewählten Textfragmenten tauchen die Kinder in eine Geschichte ein. Schritt für Schritt schälen sie Figuren heraus, erspüren die Charaktere und hören sich ein in Rhythmus und Klang der Sprache.
Auch ein probates Mittel für die Wahl der Klassenlektüre.

Was es braucht

- Ausgewählte Textstellen aus einem Buch, einzeln auf ein Blatt geschrieben und als Textgeschenk verpackt (siehe Seite 69)
- Flipchart-Blätter und Stifte
- Stuhlkreis
- 70 Minuten Zeit

Für dieses *Figuren finden* verwendeten wir das Kinderbuch „Die erstaunlichen Abenteuer der Maulina Schmitt. Mein kaputtes Königreich“ von Finn-Ole Heinrich und Rán Flygenring, © 2013 Hanser Verlag, München.

AFRICA
ANTARTID
OCEANIA
Europa
GOOD VIBES ONLY

SO GEHT'S

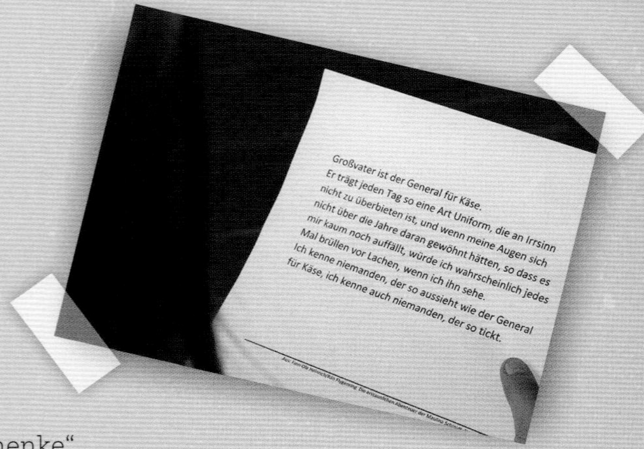

1

„Ich hab euch etwas mitgebracht", sagt die Lehrerin und deutet auf einen Korb mit lauter Papierrollen. Jede ist von einem bunten Band zusammengehalten. Die Kinder sind gespannt: Was da wohl drinnen steht? „Ihr dürft gleich ziehen", sagt die Lehrerin, und stellt den Korb in die Mitte des Stuhlkreises. Die Kinder schnappen sich eine Rolle, öffnen sie und beginnen neugierig zu lesen. Da die Texte unterschiedlich lang sind, genügt ein Blick zum Nachbarn, und die Kinder wissen: Der hat einen anderen Text.

2

„Das sind meine Textgeschenke", sagt die Lehrerin nach dieser ersten Leserunde. Bald stellen die Kinder fest: Alle Geschenke stammen aus demselben Buch.
„Das muss ein lustiges Buch sein. Und witzig!" meint ein Junge. Spontan beginnt er zu lesen: ***Manchmal weiß ich nicht, wo das Zeug herkommt, das ich rede.***
„Ich glaube, es ist eine traurige Geschichte", sagt ein Mädchen.
„Bei mir steht: ***Mamas Fröhlichkeit ist normalerweise wie Butter, aber im Moment ist ihre Fröhlichkeit wie Margarine: schlapp und ohne echten Geschmack.*** Vielleicht ist da ja was passiert!"
„Wie findet ihr diesen Satz: ***Mamas Fröhlichkeit ist wie Butter …***" hakt die Lehrerin nach.
„Schön. Klingt irgendwie anders."
„Ungewohnt."
„Habe ich so noch nie gehört."
„Bei mir steht auch etwas ganz Eigenartiges: ***Ich stehe einfach da und schließe die Augen und lasse mich beregnen von den vielen kräftigen Vogelstimmen.*** […] ***Ein kleines Gewitter aus Krähensprache, das auf mich herunterkübelt und mir die Laune massiert.***"

3

Mit Hilfe der ausgewählten Textstellen lassen sich die Protagonisten ausmachen. „Ihr habt gemerkt, da gibt es verschiedene Leute in dem Buch", sagt die Lehrerin, und legt mehrere Flipchart-Blätter auf den Boden.
„Es gibt einen Opa."
„Die Mama."
„Der Mann."
„Bei mir steht Paul."
„Bei mir steht Pauline."
„Bei mir Mauline."
„Da steht nur er und ich."
„Der General."
Jede genannte Figur schreibt die Lehrerin in die Mitte eines großen Blattes.
Auch wenn die Lehrerin weiß, dass der Opa und der General ein und dieselbe Person sind, verwendet sie ein eigenes Blatt für den Opa und ein eigenes für den General.

Auch bei Pauline, Mauline und der Ich-Erzählerin handelt es sich um dieselbe Person. Im Lauf der Arbeit wird dies den Kindern klar, dann legt die Lehrerin das Opa-Blatt über jenes des Generals, usw.

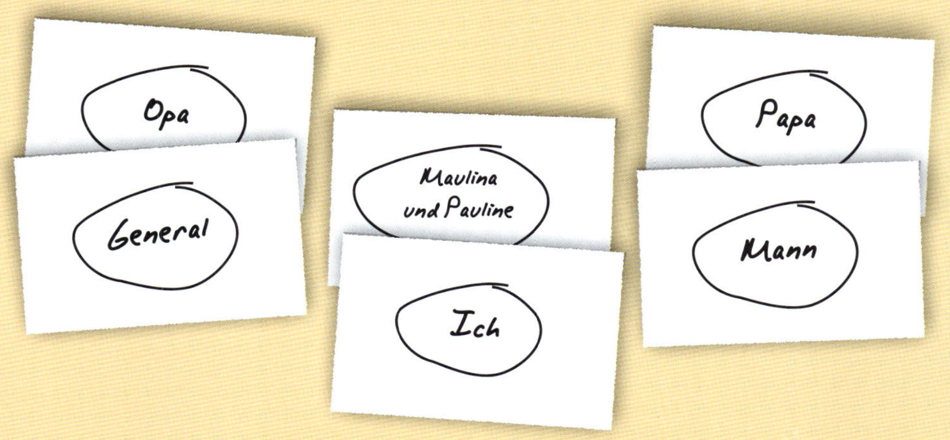

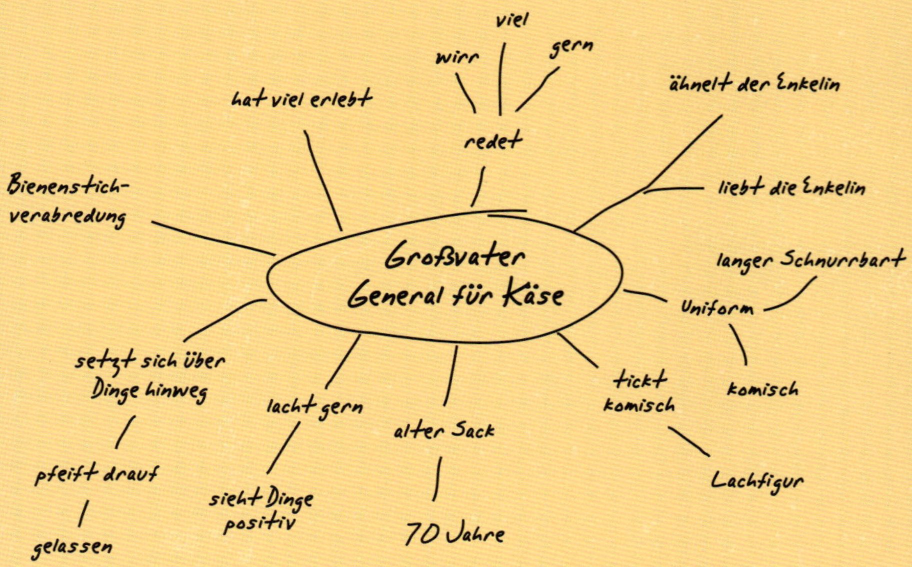

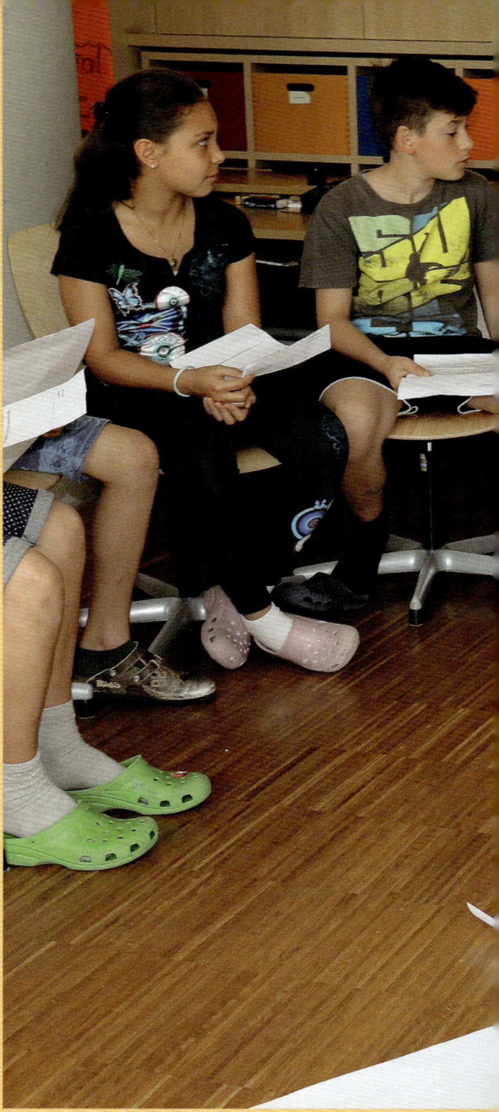

4

Das sind die Figuren, die in diesem Buch eine wichtige Rolle spielen. Ob aus den Textteilen mehr über sie in Erfahrung zu bringen ist? Wer ist eigentlich dieser General? Die Kinder durchforsten ihre Texte erneut und suchen Hinweise zum General. Die Lehrerin schreibt alles, was die Kinder finden, auf das „General-Plakat".

Es gefällt den Kindern, der Lehrerin Informationen zuzurufen. Aber sie lässt sich nicht drängen, fragt immer wieder nach. „Wo soll ich das jetzt hinschreiben? Kannst du deine Aussage kürzen? Wer hat ein griffiges Wort dafür?"

5

Die Kinder haben schnell den Dreh heraus, es ist wie ein Puzzlespiel: Jeder Hinweis, den sie in ihrem Textteil entdecken, gibt den Figuren mehr Profil. Jede Information zählt und ist einmalig, schließlich verfügt jeder über ein anderes Puzzleteil. Die Kinder nehmen die Sache ernst.

„Die Ich-Erzählerin ist ein Mädchen!"

„Sie heißt Pauline!"

„Und Mauline!"

„Weil sie so oft mault!"

„Der Maul ist die Wut."

„Der Mann ist der Vater. Er nennt sie Maule Kleine."

ICH MÖCHTE DEN PAUL KENNEN LERNEN.

DA SIND SO VIELE TEILE, UND ICH MÖCHTE WISSEN WIE DAS ZUSAMMENHÄNGT.

ICH MÖCHTE WISSEN, OB DER OPA NORMALER WIRD.

6

Die Plakate füllen sich mit Informationen. Die Figuren nehmen allmählich Gestalt an. Beim gemeinsamen Lesen der Plakate lassen sich Charakterzüge festmachen:

- Der Opa ist sehr speziell. Er schert sich um nichts und pfeift auf Regeln.
- Pauline bekommt extreme Wutanfälle. Sie hasst Ungerechtigkeiten. Ist sie in Paul verliebt?
- Paul …

Paul hat kaum Nennungen. Aber wenn die Kinder das Buch lesen, …

7

Die Kinder haben inzwischen eine Ahnung vom Inhalt des Buchs. Es geht um Wut. Auch um Scheidung. Um eine Krankheit. Um Liebe vielleicht? Vor allem aber haben die Kinder ein Gespür dafür entwickelt, ob sie das Buch lesen möchten oder nicht. Wenn sie sich dafür entscheiden, werden die Plakate an die Wand gehängt und später immer wieder mit Informationen ergänzt.

8

Der Opa, oder der General für Käse, wie er sich nennt, hat es den Kindern angetan. Sie wissen nun, wie er tickt. Aber wie könnte er aussehen?
„Ich stelle ihn mir groß vor."
„Dick vielleicht?"
„Mit Schnurrbart."
„Mit Uniform."
„Er trägt viele Medaillen."
Die Lehrerin zeigt den Kindern ein Bild aus dem Buch, das Heiterkeit auslöst – ein weiterer Grund, das Buch zu lesen.

WEITERE BÜCHER,

mit denen wir die Methode *Figuren finden* erprobt haben:

- Baisch, Milena / Kusche, Elke: **Anton macht's klar**. Beltz & Gelberg
- Pantermüller, Alice / Kohl, Daniela: **Linni von Links. Berühmt mit Kirsche obendrauf**. Arena
- Richter, Jutta: **Hechtsommer**. Hanser
- Samson, Gideon / Kuhl, Anke: **70 Tricks, um nicht baden zu gehen**. Gerstenberg
- Wendt, Albert: **Das tanzende Häuschen**. Jungbrunnen

Wir danken den genannten Verlagen für die vielfältige Unterstützung.

Das Textgeschenk

Gut gewählte Stellen aus Büchern, Geschichten, Gedichten werden schön verpackt und mit netter Geste überreicht. So erhält ein Text durch kleine Inszenierung große Aufmerksamkeit, und Kinder lernen auch auf diese Weise Literatur kennen und schätzen.

So geht's

Es gibt keinen bestimmten Anlass, keinen Geburtstag, kein Schulfest; trotzdem überrascht die Lehrerin ihre Kinder mit einem Geschenk. Sie hat dafür besondere Textstellen auf Papier getippt, dieses zu einer Rolle gedreht und mit einer Schleife umwickelt. Manchmal hüllt sie das Textgeschenk in Stoff, oder legt es in einen bunten Briefumschlag – je interessanter die Verpackung, desto größer die Wirkung.
Gespannt packen die Kinder aus … und beginnen sofort zu lesen. Wenn sie dann feststellen, dass die Banknachbarin einen anderen Text hat, werden sie noch neugieriger und tauschen die Geschenke. So entwickelt sich ein entspanntes Lesen in trauter Runde. Wer möchte, kann sein Geschenk vorlesen und damit „weiterschenken".
Wer diese Methode ritualisiert und den Kindern immer wieder speziel-le Texte schenkt, macht klar: Textgeschenke sind etwas Besonderes, etwas Schönes und etwas Persönliches. Die Kinder freuen sich darauf, gehen achtsam damit um, halten selbst Ausschau nach „schöner" Literatur und beschenken gerne auch die Lehrerin. Lesen erhält eine andere Aufmerksamkeit.

Die Fotosafari

Genauso abenteuerlich wie eine Expedition in fremde Länder kann eine Tour durch den Bücherwald sein: Dorthin begibt sich eine „Reisegruppe" und „fotografiert" bemerkenswerte Objekte.
Besonders geeignet als Einführung in die Bibliothek: Kinder und Jugendliche finden in stimmungsvoller Atmosphäre einen positiven Zugang und lernen Bilder und Bücher mit anderen Augen sehen.

Was es braucht

- Einen großen Raum
- 3 bis 4 Tische, ca. 20 Stühle
- 20 bis 25 Bücher mit großformatigen Bildern
- Meditative Musik
- 70 Minuten Zeit

So geht's

1

Die „Reiseleiterin" (Lehrerin oder Bibliothekarin) trifft sich mit ihrer „Reisegruppe" und lädt sie zu einer *Fotosafari* ein: „Nicht durch einen Urwald, sondern durch einen Bücherwald."
Dieser Bücherwald ist bereits inszeniert: Etwa 25 Bücher hat die Reiseleiterin auf Tische und Stühle gestellt; Sachbücher vor allem, aber auch einige Bilderbücher. Die aufgeschlagenen Seiten zeigen großformatige, beeindruckende Bilder, meist farbige Fotos. Auch Schwarz-Weiß-Bilder sind dabei. Sämtliche Texte hat sie mit Papier überklebt.

Erwartungsvoll betritt die Reisegruppe den Raum. „Wer auf Safari geht", erklärt die Reiseleiterin, „will normalerweise fotografieren. Wie machen wir das heute?" Sie fischt einen „Touristen" aus der Gruppe, fasst ihn fest an den Schultern und streicht mit der Hand über seine Augen. „Das ist mein Fotoapparat. Er hat die Blende geschlossen, kann also nichts sehen. Mit ihm werde ich jetzt zwei Bilder schießen."
Sie beschreibt ihre Kamera als empfindliches und wertvolles Gerät: Man muss es mit beiden Händen fest halten und langsam, aber zielstrebig führen, damit es nirgends anstoßen und sich sicher fühlen kann.

Die Reiseleiterin peilt ihr erstes Objekt an. Es liegt in Augenhöhe. Sie führt ihren Fotoapparat behutsam hin und bringt ihn in Stellung. Dann zieht sie kurz und leicht am Ohr ihres Apparats, und die „Augenblende" geht auf. Fünf Sekunden für die Aufnahme – dann wieder leichtes Ziehen, und die „Blende" schließt sich. Das Bild ist im Kasten.
Ihr zweites Objekt liegt auf einem Stuhl. Deshalb muss sie jetzt die Schultern ihres „blinden" Fotoapparats sacht hinunterdrücken, damit er in die Hocke geht.
Mit dieser zweiten Aufnahme ist die Demonstration beendet. Spontaner Applaus für die Kamera.

Jetzt heißt es: Vertrauen geben, Vertrauen haben. Vorsichtig führt der Fotograf seinen Apparat zum Bild.

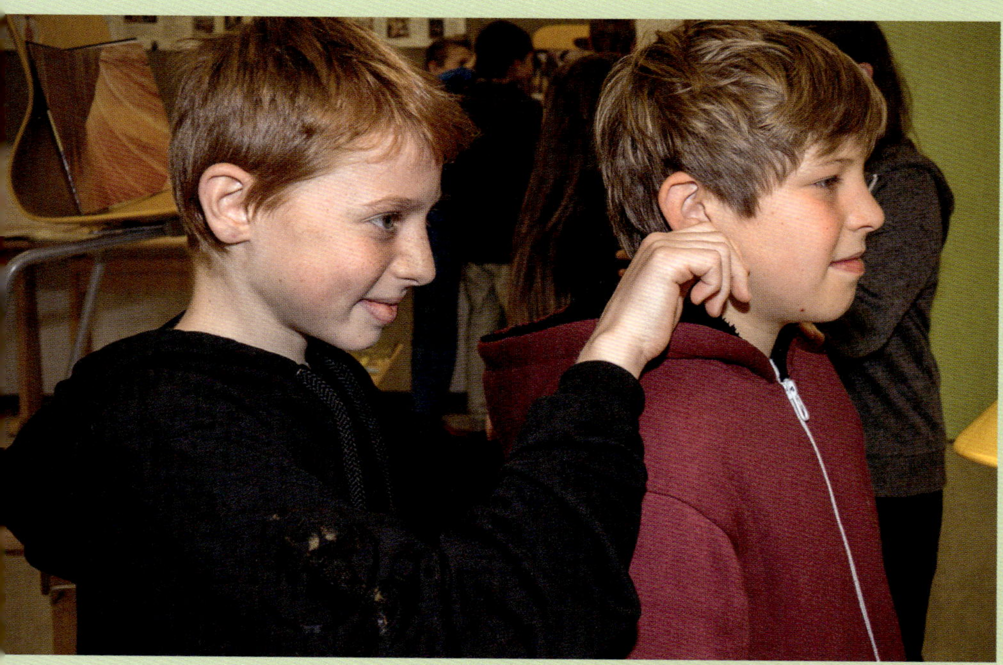

Fünf Sekunden für die Aufnahme – dann wird wieder leicht am Ohr gezogen und die „Blende“ schließt sich.

4

Jetzt bilden sich die Paare: Wer ist die Kamera, wer der Fotograf? Dann erklärt die Reiseleiterin weiter: „So macht jeder Fotograf fünf Bilder, dann wird getauscht. Der Fotoapparat verwandelt sich in den Fotografen und umgekehrt. Sprechen dürft ihr dabei nicht.“

Sprechen dürfen die Paare erst, wenn sie ihre zehn Aufnahmen gemacht haben. Dann verwandeln sich nämlich die „Fotoapparate“ in „Fotoalben“ und berichten ihrem Fotografen leise über ihre Bilder. Die anderen Safaritouristen sollen dabei nicht gestört werden, und die Bücher dürfen nicht angefasst werden.

Nach dieser Einführung geht die Reiseleiterin zur Musikanlage; meditative Musik und Vogelstimmen erfüllen den Raum – und los geht's.

5

Nach der Safari werden die Tische leise zur Seite geschoben und die Stühle im Kreis aufgestellt, die Bücher mit den aufgeschlagenen Seiten in die Mitte des Kreises auf den Boden gelegt.
Drei Gesprächsrunden folgen:
„Das waren meine Bilder."
„Das ist mein schönstes Bild."
„Dieses Bild hat mich irritiert, weil …"

Von Runde zu Runde steigt die Neugier, immer wieder will jemand unbedingt wissen, wie der Umschlag dieses oder jenes Buchs ausschaut.

6

Die Geheimnisse werden erst in der vierten Runde gelüftet. Jetzt nämlich wird spekuliert, Buch für Buch. Was steckt hinter diesem Bild? Worum geht es hier? Wie könnte der Titel, der Untertitel dieses Buchs lauten? Gespannt warten alle, bis das jeweils besprochene Buch zugeklappt ist.

7

Mit der fünften und wichtigsten Runde klingt die *Fotosafari* aus. Fotografen und Kameras dürfen sich nun auf „ihre“ Bücher stürzen und sich mit Muße zehn Minuten lang jenen Büchern widmen, die jetzt zu ihren persönlichen geworden sind.

Die Musik ist unverzichtbar.

Kompositionen zum Meditieren sind besonders geeignet. Die harmonische Abstimmung von Melodie und Klangspektrum sowie der natürliche Rhythmus von 60 Taktschlägen pro Minute schaffen eine angenehme Atmosphäre und helfen der „Kamera", auf die Führung zu vertrauen.

BÜCHERLISTE Für diese *Fotosafari* verwendeten wir folgende Titel:

Wir danken den genannten Verlagen für die vielfältige Unterstützung.

- **80 Weltkarten zum Staunen**. So hast du die Welt noch nie gesehen. Dorling Kindersley
- **Das Geheimnis der Bäume**. Nach dem Film von Luc Jaquet. Jacoby & Stuart
- **Das Museum der Weltkulturen**. Richard Wilkinson und Jo Nelson. Prestel
- **Der geheime Schlüssel zum Universum**. Lucy und Stephen Hawking. Cbj
- **Echt wahr?** Antje Damm. Moritz
- **Entdecke, was dir schmeckt**. Kinder erobern die Küche. Anke M. Leitzgen & Lisa Rienermann. Beltz & Gelberg
- **Erforsche deine Welt**. Forschen lernen für Kinder. Anke M. Leitzgen & Lisa Rienermann. Beltz & Gelberg
- **Future World**. Entdecke die Technik der Zukunft. Joel Levy. Kosmos
- **Geparde** (Wilde Tiere). Gabriela Staebler. Gerstenberg
- **Holz**. Was unsere Welt zusammenhält. Reinhard Osteroth. Bloomsbury
- **Reise in die Wüste** (Young Oxford). John Brown. Beltz & Gelberg
- **Ritter**. Mit Rüstung, Schwert und Streitross (Lesen Staunen Wissen). Kay Peter Jankrift. Gerstenberg
- **Roter Mohn**. Irmgard Lucht. Ravensburger
- **Tiere auf dem Bauernhof** (Ganz nah dran). Cbj
- **Unsere Erde**. Ein aktiver Planet (Bibliothek des Wissens). Arena
- **Wer hat sich da versteckt? …** und wird dann doch entdeckt! Schwartz / Schy / Kuhm. Kosmos

WIE BRINGT MAN EINE GALERIE IN DIE SCHULE ODER BIBLIOTHEK?

DIE GALERIE

Dieses Kapitel widmet sich dem Thema „Bilder lesen lernen". Dabei geht es nicht nur um didaktische Fragen, sondern auch um ganz praktische: Wie, zum Beispiel, bringt man eine Bildergalerie kostengünstig und unkompliziert in die Schule oder Bibliothek?

Maria Theresia Rössler / Brunella Baldi: Prinzessin Leonie und der linkshändige König © 2013 Jungbrunnen, Wien

Martin Baltscheit: Es waren einmal zwei wirklich dumme Gänse in einem brennenden Haus! © 2010 Tulipan, München

Torben Kuhlmann: Lindbergh. Die abenteuerliche Geschichte einer fliegenden Maus © 2014 NordSüd, Zürich

Antje Damm: Räuberkinder © 2010 Gerstenbe Hildesheim

Ein gutes Mittel ist der Notenständer. Damit erübrigen sich freie Wände, Hammer und Nägel. Er ist leicht transportierbar, schnell aufgestellt und flugs abgeräumt. Einmal erworben, ist er immer wieder einsetzbar.
Die Bilder für unsere Galerie sind in Passepartouts gelegt, geschnitten aus 300 g/m² schwerem, cremefarbenem, rauem Papier. Auch hier gilt: Einmal erworben, ist es immer wieder einsetzbar.
Bewusst verzichtet wird auf Glas: So ist die Galerie unzerbrechlich und damit ungefährlich.

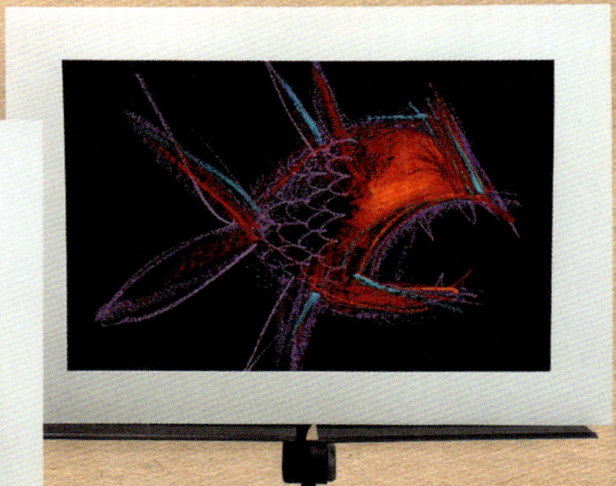

Lorenz Pauli / Kathrin Schärer: Nur wir alle © 2012 Atlantis, Zürich

Mies van Hout: Heute bin ich © 2012 aracari, Zürich

Christian Duda / Julia Friese: Schwein sein © 2014 Beltz & Gelberg, Weinhein Basel

Thimothy Knapman / David Tazzyman: Ellis Augenbrauen Aus dem Englischen von Stephanie Menge © 2013 Lappan, Oldenburg

DAS SIND UNSERE GALERIE-BILDER.

Natürlich sind die Bilder austauschbar. Hier geht es hauptsächlich darum, mit einer Auswahl unterschiedlichster Stile auf die beeindruckende Vielfalt von Gestaltungsformen in der Bilderbuchillustration hinzuweisen.
Das große Format ermöglicht den Einsatz der Galerie auch in größeren Räumen und bei Gruppen in Klassenstärke.

Elisabeth Steinkellner / Michael Roher: Die neue Omi © 2011 Jungbrunnen, Wien

Viola Rohner / Dorota Wünsch: Wie Großvater schwimmen lernte © 2011 Peter Hammer, Wuppertal

Christian Gutendorf: Manfred muss mit. Zwei Schaben auf Bildungsreise © 2014 Lappan, Oldenburg

Wir danken den genannten Verlagen für die freundliche Erlaubnis, diese Bilder für unser Projekt verwenden und hier abdrucken zu dürfen.

Aleksandra Mizielińska / Daniel Mizieliński: 50 Geschichten aus Mamoko © Kinderbuchverlag Wolff, Frankfurt

Johann Wolfgang von Goethe / Sabine Wilharm: Der Erlkönig © 2013 Kindermann, Berlin

Mo Willems: Noch ein Knuffelhase Aus dem Amerikanischen von Leena Flegler © 2014 Gerstenberg, Hildesheim

Stephanie Blake: Pipikack Aus dem Französischen von Tobias Scheffel © 2013 Moritz, Frankfurt am Main

Kleine Spürnasen

Eine kleine und feine Aktion für die Jüngsten. Durch gelenktes Annähern, längeres Verweilen, genaues Betrachten und wiederholtes Hinterfragen üben sie sich in der Kunst des Bilder-Lesens. Einmal probiert, wollen sie immer wieder als kleine Spürnasen ausschwärmen, um Verstecktes zu entdecken.

Was es braucht

- Eine Galerie mit gerahmten Bildern
- Die Bücher, aus denen die Bilder stammen
- 20 Kärtchen mit Namen von Gegenständen aus den Galeriebildern
- 20 Kärtchen mit Bildausschnitten aus den Galeriebildern
- Stuhlkreis
- 45 Minuten Zeit

SO GEHT'S

1

Die Galeristin (Bibliothekarin oder Lehrerin) begrüßt die Kinder in ihrer Galerie und lädt sie ein, sich umzuschauen: gerne zu zweit, in jedem Fall leise und einige Minuten lang. Das Material für die *Kleinen Spürnasen* hat sie schon vorbereitet: 20 Kärtchen mit den Namen von Gegenständen, die auf den Galeriebildern zu sehen sind, und weitere 20 Kärtchen mit Bildausschnitten.

2 Während sich die Kinder umschauen, legt die Galeristin die 20 Bild- und die 20 Wortkarten auf dem Boden aus, alle mit der Rückseite nach oben. Dann ruft sie die Kinder zu sich: „Ihr könnt nun eines dieser Kärtchen ziehen. Schaut es euch genau an: Was ist darauf zu sehen?“

Die Kinder lesen ihr Wort oder rätseln über ihren Bildausschnitt. Nun erfahren sie, dass jedes Kärtchen zu einem Galeriebild gehört. „Welches Bild könnte das eure sein?“

Fasziniert und konzentriert schiebt David sein Bildkärtchen hin und her, bis es sich mit der Vorlage deckt.

3

Flugs eilen die kleinen Spürnasen mit ihrem Kärtchen zurück zu den Galeriebildern. Sobald sie glauben, das richtige Bild gefunden zu haben, stellen sie ihr Kärtchen auf den Notenständer – und holen sich ein nächstes.

4

Sobald alle Kärtchen abgelegt sind, folgt eine gemeinsame Kontrolle: Ist alles richtig zugeordnet?

5

Zum Ausklang bringt die Galeristin den Korb mit den 15 Galeriebüchern und zieht eins nach dem anderen hervor. Über Zuruf entscheiden die kleinen Spürnasen gemeinsam, zu welchem Bild das Buch gehört. Wenn noch Zeit bleibt, präsentiert sie eines der Bücher – ein Favorit findet sich gewiss.

SPÜRNASEN

Die ganze Gruppe verwandelt sich in eine Schar von Detektiven und spürt im Bilderwald Besonderheiten auf, die nicht sofort ins Auge fallen. Im anschließenden Suchspiel kommt Überraschendes zutage. Eine kleine Wahrnehmungsschulung – wirksam und unaufwändig.

WAS ES BRAUCHT

- Eine Galerie mit gerahmten Bildern
- Die Bücher, aus denen die Bilder stammen
- Leere Kärtchen (eines pro Kind)
- Stifte
- Stuhlkreis
- 45 Minuten Zeit

SO GEHT'S

1

Die Galeristin lädt die Zweitklässler ein, im Stuhlkreis Platz zu nehmen. Dann zeigt sie ein Bild. Sie hat es vorher aus der Galerie geholt und verwendet es nun, um die anstehende Aufgabe zu erklären.

2

„Was seht ihr?“ Die Kinder zählen auf: Ein Paket! Ein Eis! Brot! Käse! Ein Rad! Noch ein Rad! Gemüse! … Nun will es die Galeristin genau wissen: „Welches Rad meinst du? Das Dreirad oder das lila Damenrad? Welches Gemüse: Kartoffel oder Lauch? Auf diese Weise üben die Kinder, präzise zu beschreiben. Aus Haaren wird eine Lockenfrisur, aus dem Arzt ein Augenarzt. „Ihr macht das super. Aber wer von euch ist eine richtige Spürnase? Wer entdeckt etwas ganz Besonderes, etwas Ungewöhnliches, oder vielleicht auch Witziges? Doch nicht verraten! Wer schon etwas entdeckt hat, flüstert mir sein Wort ins Ohr.“

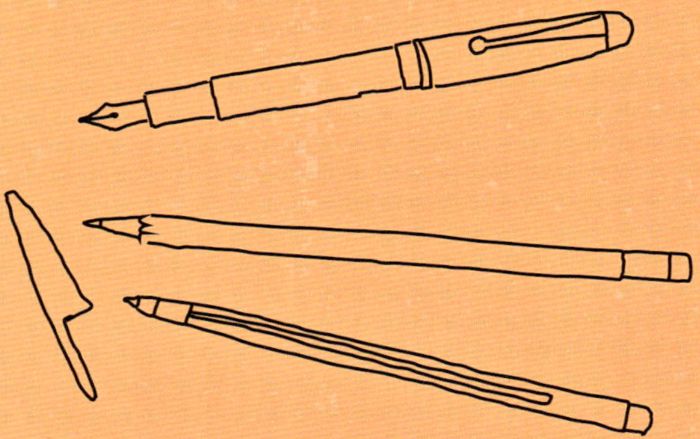

WAR DAS „BUSSCHILD“ NICHT DORT DRÜBEN?

3

Zeit für die Galerie. „Schaut euch um“, sagt die Galeristin. „Zu zweit ist es kurzweiliger. Sucht heimlich nach versteckten, ungewöhnlichen Gegenständen, nach Dingen, die nicht sofort ins Auge fallen, und sobald ihr etwas gefunden habt, kommt zu mir zurück!“
Während die Spürnasen unterwegs sind, legt die Galeristin leere Kärtchen und Stifte bereit. Auf ein solches Kärtchen schreiben die Kinder ihren Gegenstand und legen es in eine Dose. Auf diese Weise produziert jedes Spürnasen-Paar zwei Wortkarten.

4

Jetzt beginnt die Suchaktion! Die Kinder ziehen eine Wortkarte und spielen wieder Spürnasen. In welchem Bild könnte dieser Gegenstand zu finden sein? War das „Busschild“ nicht dort drüben …? Sobald ein Spürnasen-Paar fündig geworden ist, stellt es sein Kärtchen zum entsprechenden Galeriebild und holt die zweite Wortkarte. Wer dabei zufällig sein eigenes Kärtchen erwischt: schnell zurück in die Dose, neu ziehen.

5

Es folgt eine abschließende Kontrolle und Würdigung: Ist alles richtig zugeordnet? Wer hat die knifflige „Rakete" entdeckt und aufgeschrieben und uns damit beim Suchen so in die Irre geführt? Und warum wohl gibt es Bilder mit vielen Kärtchen, aber auch solche, in denen niemand nach einem Detail gesucht hat?

6

Zum Ausklang bringt die Galeristin den Korb mit den 15 Galeriebüchern, zieht eins nach dem anderen hervor und organisiert die Zuordnung. Wenn noch Zeit bleibt, präsentiert sie eines der Bücher – ein Favorit findet sich gewiss.

SUPERSPÜRNASEN

Diesmal sind die Größeren gefragt und deren Kompetenz in sprachlicher Gestaltung: Es gilt, ein winziges Detail in einem Bild aufzuspüren und dieses in einen Satz zu kleiden.
Wer findet den „verdächtigen“ Gegenstand im Satz und das entsprechende Bild? Eine heitere Aktion ohne großen Aufwand, aber mit erstaunlichen Ergebnissen.

WAS ES BRAUCHT

- Eine Galerie mit gerahmten Bildern
- Die Bücher, aus denen die Bilder stammen
- Dose mit leeren Kartonstreifen (ein Streifen pro Kind)
- Stifte
- Schachtel für die beschrifteten Kartonstreifen
- Stuhlkreis
- 45 Minuten Zeit

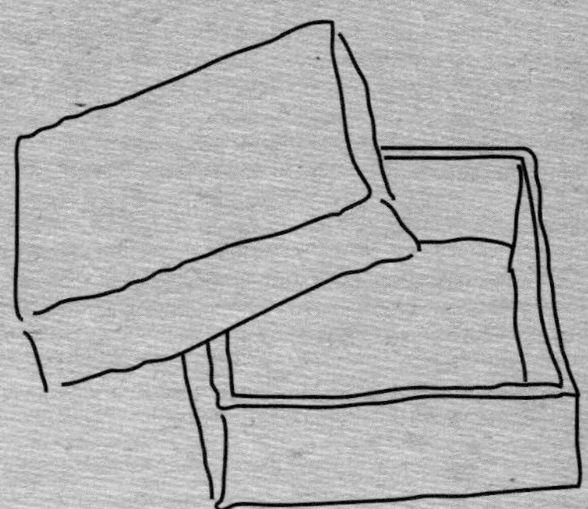

SO GEHT'S

1

Die Galeristin begrüßt die Kinder und lädt sie ein, sich umzuschauen: gerne zu zweit, in jedem Fall leise und einige Minuten lang.

2

Nach dieser ersten Orientierungsrunde folgt eine Suchrunde: Die Galeristin schickt die Kinder noch einmal los mit dem Auftrag, nach besonderen Gegenständen Ausschau zu halten, nach „verdächtigen“ Sachen, z. B. nach einer Ketchup-Tube, einem Brotmesser oder einer Himbeertorte.

Dies sollte zu zweit geschehen und so unauffällig wie möglich.
Sobald ein Gegenstand entdeckt ist, muss er in einen Satz gekleidet werden. Wer zum Beispiel einen „Fisch“ ausfindig gemacht hat, könnte schreiben „Ich fress’ den Fisch samt Schupp und Gräten!“

3

Wer fündig geworden ist und sich auch schon einen Satz ausgedacht hat, geht zur Dose mit den Kartonstreifen, zieht einen heraus und schreibt darauf leserlich seinen Satz. Der Streifen landet dann in einer Schachtel. Jedes Superspürnasen-Paar wirft zwei Sätze ein.

4

Dann findet sich die Gruppe in geselliger Runde zusammen, und das Rätseln und Suchen beginnt: Eine Superspürnase zieht einen Satz aus der Schachtel, liest ihn erst nur für sich, dann laut und gekonnt vor.

5

Nun heißt es schnell sein! Welches ist das verdächtige Wort? Und vor allem: In welchem Bild ist es zu finden?
Jene Superspürnase, die als erste das Wort entdeckt und sein „Versteck" aufgespürt hat, stellt den Kartonstreifen zum entsprechenden Bild. Das Okay geben die Autoren, und einer von ihnen zieht dann auch den nächsten Satz, liest ihn vor – und so weiter. Auf diese Weise kommt jeder an die Reihe.

6

Zum Ausklang bringt die Galeristin den Korb mit den 15 Galeriebüchern, zieht eins nach dem anderen hervor, und gemeinsam werden die Bücher den Bildern zugeordnet. Dann bleibt den Superspürnasen noch Zeit, in den Büchern zu schmökern.

Julia hat als erste den winzigen Buchstaben F am Kamin aufgespürt und legt jetzt den Streifen „Das ist mein Plan F" zum Bild.

ZWEISTEIN

Mit diesem pfiffigen Zuordnungsspiel lernen auch schon die Jüngsten unterschiedliche Gestaltungsmittel und Stile kennen. Eine kleine Schule des Sehens, in der leidenschaftlich geschaut, gefragt, „gezoomt“ und geknobelt wird.

WAS ES BRAUCHT

- Eine Galerie mit gerahmten Bildern
- Die Bücher, aus denen die Bilder stammen
- 50 bis 60 Kärtchen mit Ausschnitten aus den Galeriebildern
- Tische mit vier Stühlen
- 45 Minuten Zeit

SO GEHT'S

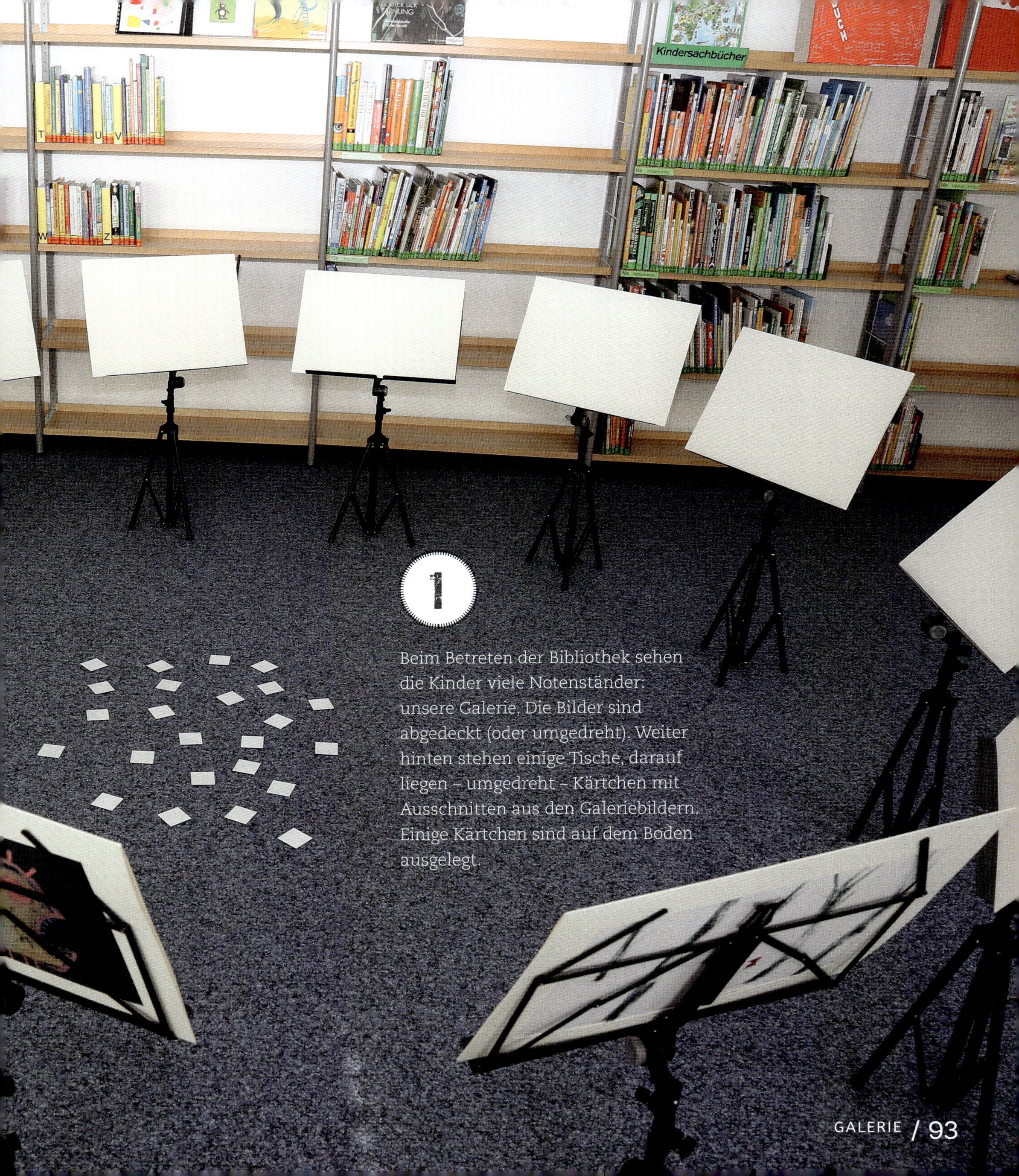

1

Beim Betreten der Bibliothek sehen die Kinder viele Notenständer: unsere Galerie. Die Bilder sind abgedeckt (oder umgedreht). Weiter hinten stehen einige Tische, darauf liegen – umgedreht – Kärtchen mit Ausschnitten aus den Galeriebildern. Einige Kärtchen sind auf dem Boden ausgelegt.

3

„Wie ihr seht, gibt es noch mehr von diesen Kärtchen – drüben auf den Tischen, oder hier am Boden. Immer zwei gehören zu einem der Bilder in unserer Galerie“, erklärt die Galeristin. Dann bildet sie Viererteams und schickt sie zu den Tischen bzw. zu den Kärtchen am Boden. Und schon geht's los: Der Reihe nach dreht jedes Kind ein Kärtchen um und lässt es so liegen, dass es für alle gut sichtbar ist. Sobald jemand zusammenpassende Kärtchen entdeckt, ruft er „Stopp“.

2

Nach einer kurzen Begrüßung auf den Sitzstufen zeigt die Galeristin den Kindern ein Bild, das sie vorher aus der Galerie genommen hat. Die Kinder schauen neugierig und beginnen spontan aufzuzählen, was sie sehen: Viele Leute. Eine Gans. Ein Auto ... Dann zieht die Galeristin zwei Kärtchen aus der Tasche. Die Kinder erkennen sofort: Diese beiden Kärtchen gehören zu diesem Bild.

4

Das Quartett kontrolliert genau: Gehören diese Kärtchen auch wirklich zum selben Bild? Manchmal eben nicht. „Die haben ja nicht die gleiche Farbe, und auch nicht die gleiche Figur!“

Wenn zwei Kärtchen zusammenpassen, werden sie an den Tischrand geschoben.

5

Sobald alle Kartenpaare gefunden sind, begeben sich die Kinder – vorerst noch ohne Kärtchen – in die Galerie. Dort wenden sie vorsichtig die Bilder auf den Notenständern und drehen eine erste Besichtigungsrunde. Dann erst holen sie ihre Bildausschnitte von den Tischen – und die Suche beginnt: Welche Kärtchen gehören wohin?

6

Anschließend begutachtet die ganze Gruppe die Zuordnungsergebnisse.
Zum Ausklang bringt die Galeristin den Korb mit den 15 Galeriebüchern, zieht eins nach dem anderen heraus, und gemeinsam werden sie den Bildern zugeordnet. Dann bleibt noch Zeit, in den Büchern zu schmökern.

TATORT

Eine knifflige und witzige Variante zur Methode *Zweistein*: Dort wird das ganze Bild samt Ausschnitten gezeigt, hier gibt es nur ein einziges, raffiniert gewähltes Detail – alles Übrige ist verdeckt. Dieser Ausschnitt allein führt zu wildesten Spekulationen.

SO GEHT'S

Diesmal präsentiert sich unsere Galerie sehr seltsam: Von den Bildern sind nur kleine Ausschnitte zu sehen. Sieben Minuten haben die Teams nun Zeit, einen „Tatort“ zu ihrem Ausschnitt zu entwerfen: Was ist das? Was passiert hier? An welchem Ort?
Danach präsentieren sie ihre Ideen, und wenn dann alle wissen wollen, was wirklich dahintersteckt, wird das Geheimnis, sprich Abdeckblatt, gelüftet.

TIPP ZUR GRUPPENBILDUNG

Die Galeristin hat für die Ausschnitte im Abdeckblatt unterschiedliche geometrische Formen gewählt (Rechteck, Raute, Oval ...). Diesen entsprechend fertigt sie je zwei Kärtchen an, wirft sie in eine Dose und lässt ziehen. So entscheidet der Zufall über die Teambildung und auch über das Spekulationsobjekt.

ICH SEH, ICH SEH, WAS DU NICHT SIEHST, UND DAS IST KNUSPRIG UND DUFTEND.
ICH SEH, ICH SEH, WAS DU NICHT SIEHST, UND DAS IST GRÜN UND STACHELIG.

ICH SEHE WAS

„Ich seh, ich seh, was du nicht siehst!“ Wer kennt es nicht, das Ratespiel aus Kindertagen. In unserer Galerie nutzen wir es, um den Blick zu schärfen und die Sprache zu beflügeln.

WAS ES BRAUCHT

- Eine Galerie mit gerahmten Bildern
- Die Bücher, aus denen die Bilder stammen
- Eine Mütze voll Zeit

SO GEHT'S

„Ich seh, ich seh, was du nicht siehst, und das ist grün und stachelig.“
„Ich seh, ich seh, was du nicht siehst, und das ist knusprig und duftend.“
Ein Spielkreis am Boden in der Galerie, ein Bild zur Hand und zwei kleine Beispiele – mehr braucht es nicht, um in das Spiel einzusteigen. Gar zu kurz sollte die Zeit dafür aber nicht bemessen sein, denn je länger die Kinder spielen dürfen, desto präziser, kreativer und spitzfindiger werden ihre Beschreibungen.
Wer den Gegenstand errät, darf das Spiel fortsetzen.

HOSENTASCHENSÄTZE

Hosentaschensätze funktionieren – zunächst – wie der bekannte Knoten im Taschentuch: Sie „rascheln“ sich in unser Gedächtnis und unterstützen damit die Erinnerung. Was vordergründig als leichtes Spiel daherkommt, ist in Wirklichkeit veritable Wahrnehmungsschulung. Sätze und Bilder werden hier derart in Zusammenhang gebracht, dass sich kreatives Interpretieren von selbst ergibt.

WAS ES BRAUCHT

- Eine Galerie mit gerahmten Bildern
- Die Bücher, aus denen die Bilder stammen
- Papierstreifen mit Sätzen (ein Satz pro Kind)
- 50 Minuten Zeit

SO GEHT'S

1

Vor dem gemeinsamen Galeriebesuch geht die Galeristin in die Klasse und verteilt an jedes Kind einen Papierstreifen. Auf jedem Streifen steht ein Satz. Jeder Satz passt zu einem der Galeriebilder und stammt aus dem entsprechenden Galeriebuch. (Bei mehr als 15 Teilnehmern werden Sätze zweimal verwendet.) „Das“, sagt die Galeristin, „sind *Hosentaschensätze*. Deshalb: gut merken, falten und in die Hosentasche stecken. Alles streng geheim!“ Sobald ein Kind glaubt, seinen Satz gespeichert zu haben, steckt es den Streifen ein.

CARRERA
&
FRIENDS

2

Erst in der Galerie wird klar, was es mit den Papierstreifen auf sich hat. „Wer findet das Bild, das zu seinem Hosentaschensatz passt? Und wer schafft dies, ohne nachzulesen?“ Die Kinder drehen ein paar Runden in der Galerie, den Hosentaschensatz im Kopf, die Bilder im Blick.

3

Sobald alle Kinder ihre Sätze abgelegt haben, versammeln sie sich wieder bei der Galeristin. „Wie ist es euch ergangen? War es schwierig, das richtige Bild zu finden?“

ICH HABE ÜBERHAUPT KEIN BILD GEFUNDEN, DAS PASST.
ICH BIN MIR NICHT SICHER, OB MEINES STIMMT.
MEIN SATZ HÄTTE ZWEIMAL GEPASST.
ICH MUSSTE GENAU AUF ALLE AUGEN-BRAUEN SCHAUEN.
KEIN PROBLEM
DAS SUCHEN WIR DANN GEMEINSAM.

4

Dann beginnt die erste gemeinsame Galerierunde. Vor jedem Bild bleibt die Gruppe stehen, die jeweilige „Hosentaschensatzbesitzerin“ liest ihren Satz vor und begründet ihre Zuordnung.
Die Gruppe kommentiert und entscheidet immer mit. Wenn sie Zweifel anmeldet, muss die „Hosentaschensatzbesitzerin“ ihren Satz wieder einstecken – vorerst.

5

In der zweiten Kontrollrunde versuchen alle gemeinsam, die Zweifelsfälle zu lösen. Dabei wird lebhaft spekuliert, kommentiert, argumentiert und interpretiert. Nicht immer können sich die Kinder auf eine Lösung einigen.

6

In der letzten Runde legt die Galeristin die Bücher auf dem Boden aus. Die Kinder schnappen sich „ihr“ Buch und suchen darin „ihr“ Bild. Jetzt können sie überprüfen, ob die Zuordnung richtig war – bevor sie der Verführung erliegen, weiter zu blättern und weiter zu lesen.

7

Damit der Hosentaschensatz nicht im Papierkorb landet, kleben ihn die Kinder in das Lesetagebuch oder auf ein Plakat. Oder er kommt in die Schachtel (siehe Seite 138).

Der Erlkönig

Mein Vater, mein Vater, und siehst du nicht dort ...

Die neue Omi

Ich liebe die Omi.

Pipikack

„Aufstehen, mein Häschen.“

Und der Tag wurde besser.

Noch ein Knuffelhase

Was sie taten, taten sie gemeinsam.

Schwein sein

Plötzlich sah Elli, wohin sie auch ging, nur noch Augenbrauen.

Ellis Augenbrauen

Und guck mal, wie die frühstücken ...!

Räuberkinder

Sonst machen die nichts, außer fressen und furzen – vielleicht.

Es waren einmal zwei wirklich dumme Gänse in einem brennenden Haus!

HOSENTASCHENTITEL

Ein Buchtitel ohne Titelbild lässt viel Raum für Spekulation. Nun erhält jedes Kind einen Buchtitel – und gleich 15 Bilder, von denen aber nur eines passt. Aber welches? Diese Frage führt zu leidenschaftlicher, kontroverser und unterhaltsamer Diskussion – und Argumentation.

WAS ES BRAUCHT

- Eine Galerie mit gerahmten Bildern
- Die Bücher, aus denen die Bilder stammen
- Papierstreifen mit den Buchtiteln der Galeriebücher
- 50 Minuten Zeit

SO GEHT'S

1

Heute steht ein Galeriebesuch auf dem Programm. Zum Auftakt, noch in der Klasse, lässt die Galeristin jedes Kind einen Streifen ziehen. Auf jedem steht ein Buchtitel. „Still lesen, gut merken, in die Hosentasche stecken – und nichts verraten! Ab jetzt sind das eure *Hosentaschentitel*!"

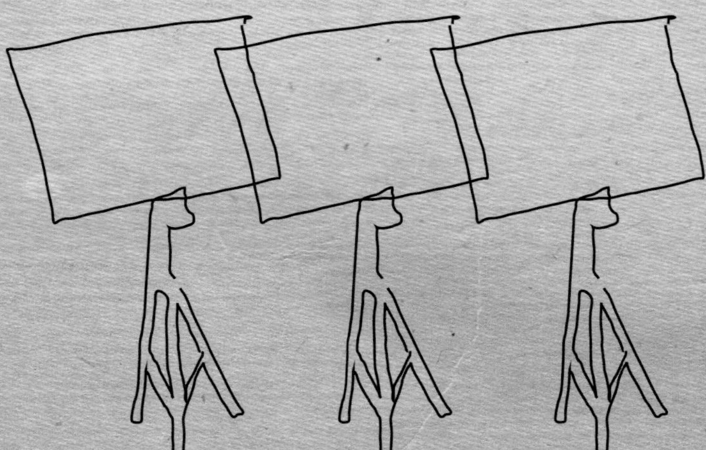

2

In der Galerie angekommen, sehen die Schüler allerdings keine Bücher, sondern Bilder: gerahmt und auf Notenständern präsentiert. Welches könnte zu ihrem *Hosentaschentitel* passen? Wer fündig geworden ist, stellt sich hinter den entsprechenden Notenständer. Neugierig gehen die Kinder von Bild zu Bild, und bald schon haben sich alle entschieden. Aber dann stellen sie verwundert fest: Hinter einigen Bildern tummeln sich gleich drei Leute, und bei anderen steht niemand!
Wie auch immer – als nächstes trägt jeder „seinen“ Titel vor: laut, deutlich und gewichtig, wie ein Schauspieler vor großem Publikum.

3

Nach diesen erheiternden Darbietungen trifft sich die Klasse im Kreis zur Beratung: Was tun mit den Zweier- und Dreiergruppen? Zu jedem Bild kann doch nur ein Buchtitel gehören!

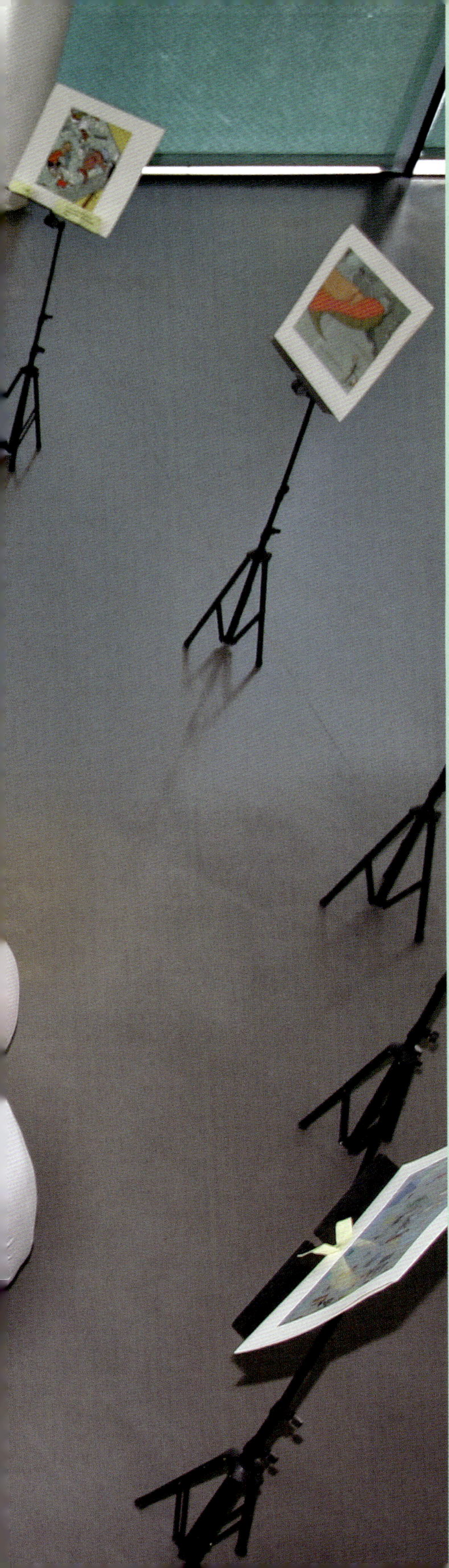

4

Kurze Diskussion, dann wird entschieden: Die Kleingruppen sollen Beweggründe nennen und Argumente liefern, und dann entscheidet die ganze Klasse, welcher Titel auf dem Notenständer liegen bleibt, welcher umgestellt wird oder welcher wieder in die Hosentasche zurück muss.

5

Nun sind die Titel, welche die Klasse gemeinsam und nach eingehender Beratung für unpassend erklärt hat, anderen Bildern zugeordnet, oder in eine Hosentasche zurückgewandert. Aber wohin jetzt mit diesen Titeln?

6

Erst als die Galeristin die entsprechenden Bücher präsentiert, hört man allenthalben ein überraschtes „Ah!“ oder „Oh!“. Schnell werden gar einige Titel umgestellt oder aus der Hosentasche gezogen, und dann Texte gelesen, Illustrationen geprüft – und die Bücher in vertrauter Zweisamkeit genossen.

TITELEI

Einen geeigneten Titel für ein Werk zu finden kann Spaß machen – einfach ist es aber nicht. In jedem Fall zwingt es, das Bild genau zu studieren und bei der Titelgestaltung unterschiedliche Perspektiven des Betrachters in Betracht zu ziehen.

WAS ES BRAUCHT

- Eine Galerie mit gerahmten Bildern
- Die Bücher, aus denen die Bilder stammen
- Dose mit Papierstreifen (ein Streifen pro Kind)
- Korb
- Stifte
- 60 Minuten Zeit

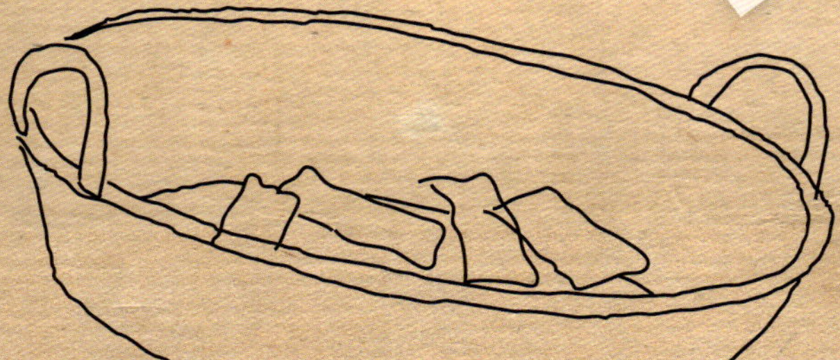

SO GEHT'S

1

Die Galeristin heißt die Besucher willkommen und lädt sie ein, sich erst einmal in der Galerie umzuschauen.

2

Dann bittet sie ihr Publikum zum Stuhlkreis. Währenddessen dreht die Lehrerin die Bilder auf den Notenständern um. Beim nächsten Arbeitsschritt sollen die Schüler die Bilder nämlich nicht mehr sehen können. „Wenn ihr jetzt die Augen schließt: Welches Bild erscheint dann als erstes vor eurem geistigen Auge?“, fragt die Galeristin.

„Ein Fisch!“
„Und wie sieht der Fisch aus? Was seht ihr?“
Er sei wild, aus einer Wut heraus gezeichnet. „So unordentlich, aber trotzdem schön.“ „Der Fisch gefällt mir zwar nicht, aber er ist mir gut in Erinnerung geblieben.“
Das Fischbild wird aus der Galerie geholt und eingehend diskutiert.

3

„Wie könnte dieses Bild mit dem Fisch heißen?“, fragt die Galeristin.
Der Fisch. Der wütende Piranha. Der Agrofisch. Der Tod des Meeres. Ich bin wütend. Ich bin hungrig. Geh mir aus dem Weg!
„Geh mir aus dem Weg“ gefällt den Schülern am besten. Sie finden es „nicht so langweilig, passend, ausdrucksstark.“
Die Galeristin beschriftet einen Papierstreifen: „Geh mir aus dem Weg!“ „Das ist nun unser Titel für dieses Bild.“
Dann bringt sie gemeinsam mit den Kindern das Bild in die Galerie zurück, stellt es auf den Notenständer und legt den Titel dazu. Währenddessen dreht die Lehrerin die Bilder wieder um.

4

„Meist geben Künstler ihrem Werk einen Titel“, sagt die Galeristin. „Ihr seid jetzt die Künstler, wählt ‚euer‘ Bild und gebt ihm einen Titel. Am besten zu zweit. Und ganz heimlich. Niemand soll wissen, welches Bild ihr ausgesucht habt.“
Zu zweit drehen die Kinder noch einmal eine Runde in der Galerie. Sobald sie sich für ein Bild entschieden haben, holen sie einen Papierstreifen aus der Dose und knobeln und titeln. Dann suchen sie einen weiteren Titel für ein weiteres Bild. Maximal drei Bilder dürfen betitelt werden. Jeden Titel schreiben die „Künstler“ auf einen eigenen Papierstreifen und legen ihn dann in den Korb.

5

Sobald alle Titelvorschläge im Korb liegen, versammeln sich die Schüler wieder im Sitzkreis. Die Spannung ist groß. Ob ihr Titel schnell einem Bild zugeordnet werden kann? Und auch richtig? Erst einmal liest die Galeristin jeden einzelnen Titel laut und deutlich vor; die Streifen legt sie auf dem Boden aus. Die „Künstler" verraten sich nicht, durch keine noch so kleine Geste.

6

Nun erhalten die Schüler den Auftrag, einen Streifen – und zwar nicht den eigenen – zu nehmen, das entsprechende Bild zu suchen und ihn vor dem Bild auf den Boden zu legen.
Überraschung: Einige Bilder haben viele Titel erhalten, andere keinen einzigen!

7

Nun wird der Sitzkreis in die Mitte der Galerie verlegt. Die Schüler wenden sich dem Bild mit den meisten Titeln zu. Damit sie auch im Sitzen das Bild gut sehen können, stellt die Galeristin den Notenständer auf die niedrigste Stufe. Alle Titel werden gelesen. Welcher gefällt am besten? Welcher wird dem Bild am ehesten gerecht? Argumente und Gegenargumente werden ins Feld geführt. Die „Künstler" outen sich aber erst, sobald eine Entscheidung gefällt ist. Wenn sie die Zuordnung nicht bestätigen, muss die Gruppe weitersuchen. Dann erzählen die „Künstler", wie sie auf dieses Bild und auf diesen Titel gekommen sind. Wollten sie die Aufmerksamkeit auf ein Detail lenken, oder in eine bestimmte Richtung? Oder ...?

8

So wird mit allen Titeln verfahren. Zum Schluss zeigt die Galeristin die Bücher, aus denen die Bilder stammen. Die Neugierde ist groß, und die Originaltitel werden ausgiebig kommentiert.

DER KLASSEN-FAVORIT

Hier geht es um zweierlei Kunst: Bilder lesen und Worte finden. Worte zum Beispiel für die Wirkung von Illustration.

WAS ES BRAUCHT

- Eine Galerie mit gerahmten Bildern
- Die Bücher, aus denen die Bilder stammen
- farbige Kärtchen (drei für je zwei Kinder)
- 45 Minuten Zeit

SO GEHT'S

1

In der Galerie werden die Kinder von der Galeristin empfangen und eingeladen, sich erst mal in aller Ruhe umzuschauen: „Zu zweit, ein paar Runden, möglichst leise und achtsam."

DIE RAHMEN SIND SCHÖN.

WITZIG

DAS DORT GEFÄLLT MIR NICHT SO GUT.

GANZ UNTERSCHIEDLICH

FARBENVIELFALT

TOLL GEZEICHNET

2

Dann bittet die Galeristin die Kinder in den Sitzkreis: „Wie findet ihr die Bilder?"

Anschließend erfahren die Kinder, dass heute ihr Lieblingsbild gesucht wird: der Favorit der 5A. „Jedes Schülerpaar bekommt drei Kärtchen. Diese dürft ihr an jene Bilder vergeben, die euch am besten gefallen. Ihr könnt die Kärtchen verteilen wie ihr wollt: je ein Kärtchen an je ein Bild, oder z. B. alle drei Kärtchen an ein einziges Bild. Aber ihr solltet euch einig sein und wissen, warum ihr eure Kärtchen so verteilt und nicht anders." Mit diesem Auftrag machen sich die Kinder noch einmal auf den Weg. Sobald sie ihren (oder ihre) Favoriten gefunden haben, holen sie die drei Kärtchen und beginnen mit der Verteilung.

MIR GEFÄLLT DER GROẞE KOPF.

DIE AUGEN, DAS SIND CHINESENAUGEN

3

Nach dieser individuellen Punktevergabe lassen sich bald die Stars und die Mauerblümchen ausmachen. Das Ergebnis ist eindeutig. Aber nicht alle sind glücklich.

Eine rege Diskussion beginnt. Gemeinsam versuchen die Kinder herauszufinden, was das Besondere an diesem oder jenem Bild ist, was sie anspricht, was sie berührt.

4

Nun zeigt die Galeristin das Buch zum gekürten Bild, stellt die Geschichte vor und erzählt, wer sie illustriert und geschrieben hat. Und dann, endlich: Zeit zum Schmökern! Zeit, in den Büchern zu blättern – und die Geschichten zu lesen.

ES IST DER STIL.

DAS BILD IST KRASS.

EINE KLEINE QUATSCHPARTIE

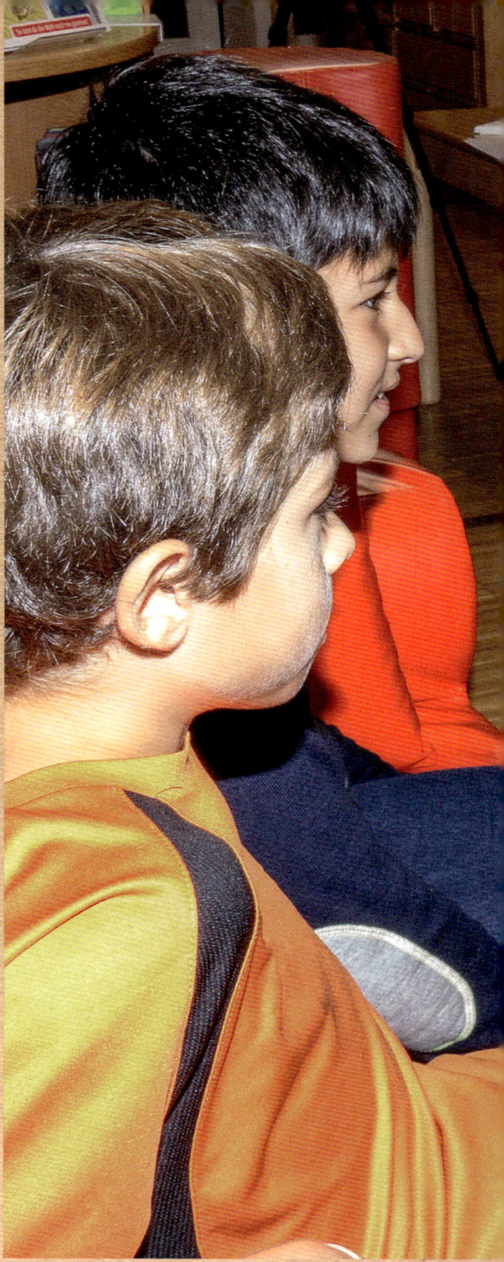

Zwei Kinder sitzen vor einem Bild und reden darüber. Ihre Mitschüler schauen zu, hören hin – können das Bild aber nicht sehen. Und darin liegt der Reiz dieser Methode: Sie fordert die Vorstellungskraft des Publikums, treibt dessen Neugier an und führt – sobald das Bild endlich gezeigt wird – zu Überraschungsmomenten und fröhlichem Austausch.

WAS ES BRAUCHT

- Eine Galerie mit gerahmten Bildern
- Die Bücher, aus denen die Bilder stammen
- 2 Stühle (oder Sofa), daneben kleiner Tisch
- Gong
- Nummernkarten (je zwei Karten mit gleicher Zahl)
- 60 Minuten Zeit

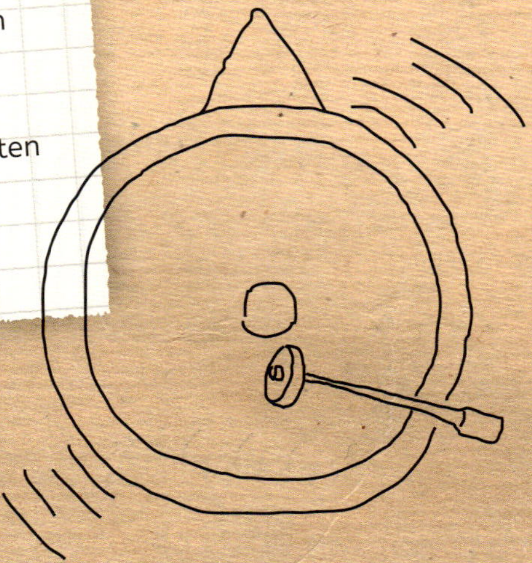

SO GEHT'S

In unserer Galerie stehen ein Sofa, daneben ein kleiner Tisch, dahinter eine Reihe leerer Notenständer, gegenüber Stuhlreihen für das Publikum.
Da die Galeristin heute eine 18-köpfige Klasse erwartet, hat sie aus den 15 Galeriebildern neun ausgewählt, diese auf der Rückseite mit Bleistift nummeriert (1 bis 9) und auf den kleinen Tisch gelegt – mit der Rückseite nach oben. Ein weiteres Bild benötigt sie für die einführende Erklärung. Außerdem hat sie zwei Partien Nummernkärtchen (1 bis 9) vorbereitet und in eine Dose gelegt.

Achtung: Bei großen Klassen sollte man Dreiergruppen bilden. Für 24 Kinder z. B. wählt die Galeristin acht Bilder aus und bereitet drei Partien Nummernkärtchen (1 bis 8) vor.

2

Nun erscheint das Publikum. Beim Eintritt ziehen alle Kinder eine Nummer. Sofort zeigen sie einander die Kärtchen und stellen überrascht fest, dass es jeweils zwei gleiche gibt. Ob die zusammengehören? Die Galeristin lüftet alsbald das Geheimnis und lädt die Kinder ein, ihrer Nummer entsprechend nebeneinander Platz zu nehmen; die Lehrerin bittet sie zu sich auf die „Bühne“.

3

„Wir veranstalten heute eine *kleine Quatschpartie*, da braucht es mindestens zwei Leute, die miteinander reden“, sagt die Galeristin. „Wir beide quatschen jetzt über ein Bild. Zuerst schauen wir es uns an, dann überlegen wir laut, was sich da abspielt.“
Sie stellt das Beispiel-Bild auf den tief gestellten Notenständer – und schon geht's los.

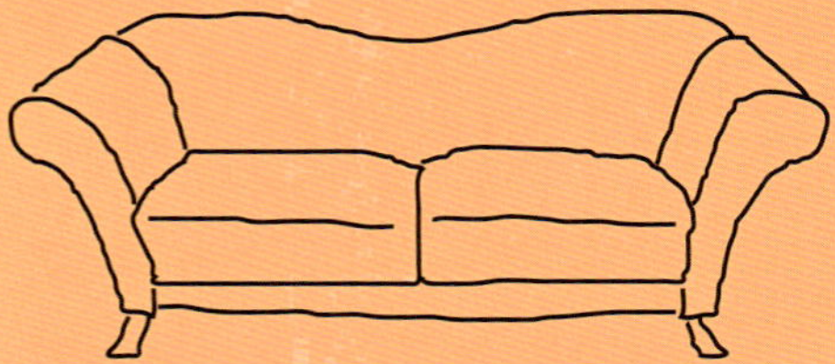

4

Die beiden geben den Figuren einen Namen: Die Oma nennen sie Olga, das Schwein Fetti. Sie beschreiben die Einrichtung, die Details auf dem Küchentisch, sie lesen in den Gesichtern der Figuren und spekulieren, wie es wohl zu dieser Situation gekommen sein könnte.

Plötzlich ertönt ein Gong. Aus! Schluss mit dem Gequatsche. Jetzt wird das Bild gezeigt. Die Kinder staunen: So sieht das aus? Das habe ich mir viel kleiner vorgestellt. Der Fetti ist ja riesig! Das Bild ist so nahe. Es ist ganz schön. Total witzig.

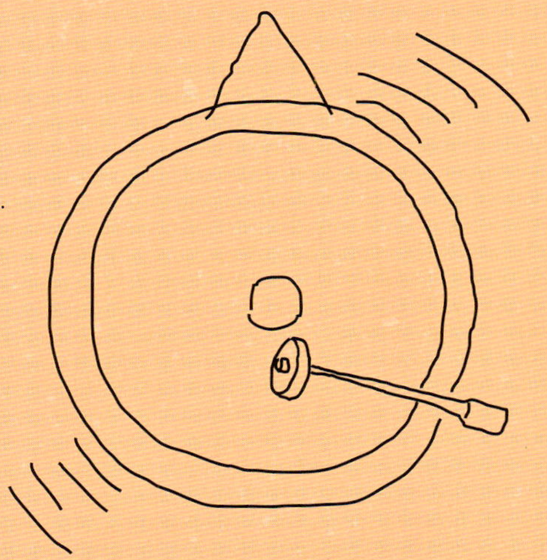

5

6

Nun sind die Kinder an der Reihe. Die Galeristin nimmt ein Bild vom Stapel. Auf der Rückseite steht die Nummer drei, das bedeutet: Die beiden Kinder mit dieser Nummer sind die nächsten Darsteller.
Ihre Darbietung dauert zwei Minuten; auch sie wird mit Gongschlag beendet. Dann zeigen die Kinder ihr Bild, freuen sich über den Applaus, und die Galeristin moderiert die Kommentare aus dem Publikum. Abschließend stellt sie das Bild auf einen der leeren Notenständer, und die nächste Runde steht an.

Das zweite Team erhält ein Bild aus dem Buch „Der Erlkönig“. Die Kinder kennen die Geschichte nicht, umso erstaunlicher ihre *kleine Quatschpartie*:

Da ist ein Vater, mit dem Sohn, auf dem Pferd. Als ob sie fliehen.

Es ist dunkel. Auf einem Baum ohne Blätter sitzen die ganzen Monster.

Da ist auch so ein König. Und die Monster sind alle grün.

Die haben extrem lange Arme. Die können sie verlängern, als würden sie gerne …

Diesmal sagen die meisten Zuhörer, sie hätten sich das Bild genau so vorgestellt.

7

Zum Abschluss, wenn die Galerie voll bestückt ist, werden alle Bilder noch einmal eingehend betrachtet. Dann, endlich – die Bücher! Jedes Team stürzt sich auf „sein“ Buch. Alle wollen wissen, wie denn „ihre“ Figuren nun wirklich heißen, und ob die Geschichte, die sie sich ausgedacht haben, so ungefähr stimmen könnte. Wer weiß …

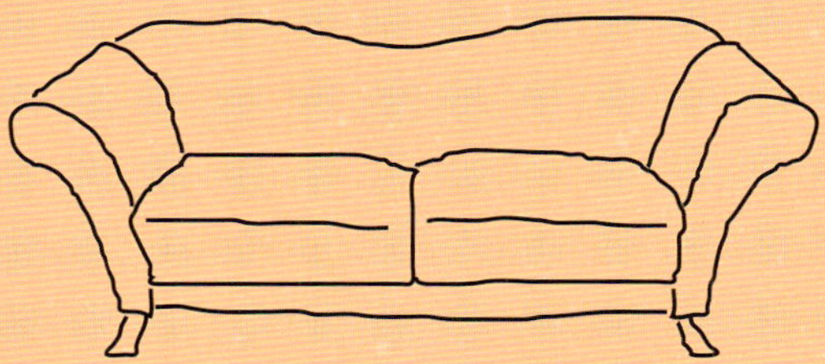

SOUND-TRACKING

Bildern eine Stimme geben: mit Banner, Sprechblase, freigestellter Schrift ..., hingeklebt, drangehängt, aufgesteckt ... und womöglich noch geknipst – ein besonderes Vergnügen für die ganze Gruppe. Unsere Bildergalerie schreit geradezu danach, sich im Soundtracken zu versuchen.

Wer selber Soundtracks machen will, findet dazu eine fantastische Vorlage im Buch „Sound Tracking Kunst" von Silke Vry und Holmer Ehrenhauss, Beltz & Gelberg Verlag.

Der Workshop versteckt sich im hinteren Teil des Buchs. Dort wird Schritt für Schritt gezeigt, wie man Gedanken und Geräusche von Kunstwerken visualisiert: Wie kann ich ins Bild hineinhorchen? Oder Schrift zum Klingen bringen, Wörter schweben lassen, Wünsche an den Baum hängen? Und wie kann ich meine Gestaltungen mit anderen Menschen teilen, wo posten?

24 Seiten perfekte didaktische Anleitung: raffiniert konzipiert, anregend geschrieben und anschaulich gestaltet. Ein Genuss für Kreative, ein Muss für die Schulbibliothek und eine Bereicherung für jeden Sprach- und Kunstunterricht.

Ein paar selbst gebastelte Soundtracks für eines unserer Galeriebilder.

PROJEKTE

HÖHEPUNKT IM LESEJAHR

Die Rezepte in diesem Kapitel unterscheiden sich von jenen im ersten Teil des Buchs vor allem durch den Umfang. Eines der vorgestellten Projekte zieht sich gar über Jahre. Immer wieder suchen Veranstalterinnen nach Vermittlungsformen, die besonders nachhaltig sind, oder besonders öffentlichkeitswirksam. Deshalb sind in diesem Buch einige wenige Projekte vorgestellt, die auch diese Kriterien erfüllen. Projekte, bei denen Kinder und Jugendliche gemeinsam und in positiv besetzter Stimmung erfahren, wie Texte und Bilder Spuren hinterlassen und Wirkung zeigen über die Stunde, den Tag, vielleicht auch über die Schule hinaus.

GRUNDSÄTZLICH

braucht es für die folgenden Projekte ein eingespieltes Team aus Schule und Bibliothek und eine Mütze voll Zeit.

Nicht vergessen:

1. Treffen Leselotte
Montag
29. Februar

To do list:

Eltern, Si Sponsoren,
2. Treffen LL,
Lokalaugenschein

An die Eltern

DIE TITELHITPARADE

Was bewirkt ein Buchtitel? Was löst er aus? Wen regt er an? Solche Fragen beschäftigen Bibliothekarinnen, wenn sie Bücher bestellen. Kinder, die vor vollen Regalen stehen und nicht wissen, welches Buch sie nehmen sollen, stellen sich diese Fragen nicht.
Was könnte ihnen helfen, gezielt zu wählen?
Hier ein Vorschlag, ein kleines Projekt in drei Schritten.
Spannend und leicht nachzumachen.

GRUNDSÄTZLICH

braucht es für dieses Projekt ein eingespieltes Team aus Schule und Bibliothek. Die Lehrerin und die Bibliothekarin bereiten das Projekt gemeinsam vor. An Arbeitszeit sind viermal zwei Stunden einzuplanen, verteilt auf einen Zeitraum von ca. zwei Monaten.

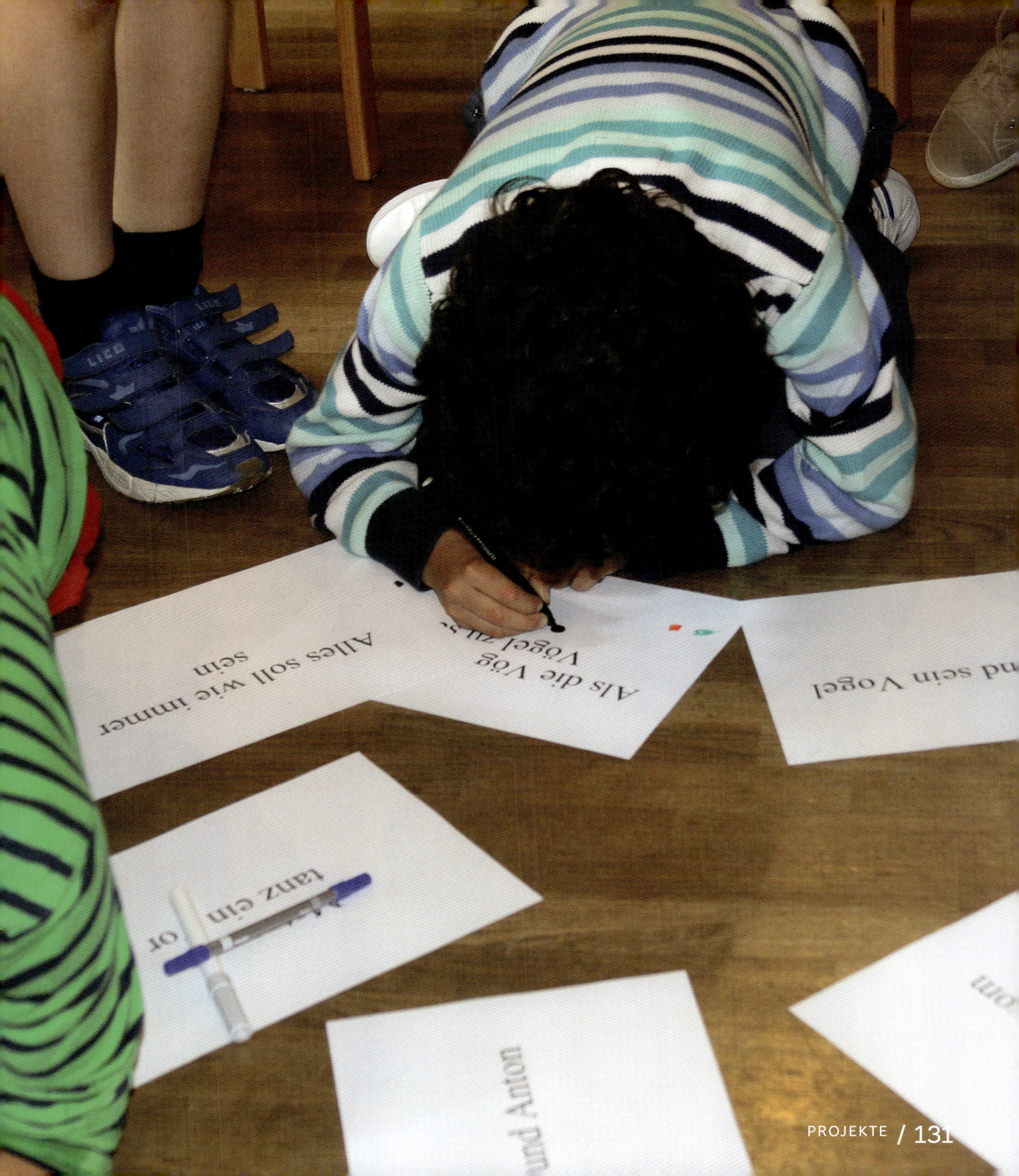
Alles soll wie immer
sein
Als die Vög
nd sein Vogel
tanz ein
or
und Anton

kindisch

TEIL 1 In der Schulbibliothek – Auswahl der Klassenfavoriten

SO GEHT'S

Die Schulbibliothekarin hat eine Klasse eingeladen und kündigt nun im Stuhlkreis ihr Vorhaben an: „Ich plane ein Spiel für die ganze Schule, eine große Veranstaltung, eine Art *Titelhitparade*. Und um diese vorzubereiten, brauche ich eure Assistenz. Vorweg habe ich 15 Buchtitel ausgesucht, nur für euch, und jetzt bin ich neugierig, was ihr dazu sagt. Was ist euer Hit? Eure besten Fünf kommen dann in die Auswahlliste für die geplante große *Titelhitparade*."

normal ungewöhnlich

etwas Besonderes

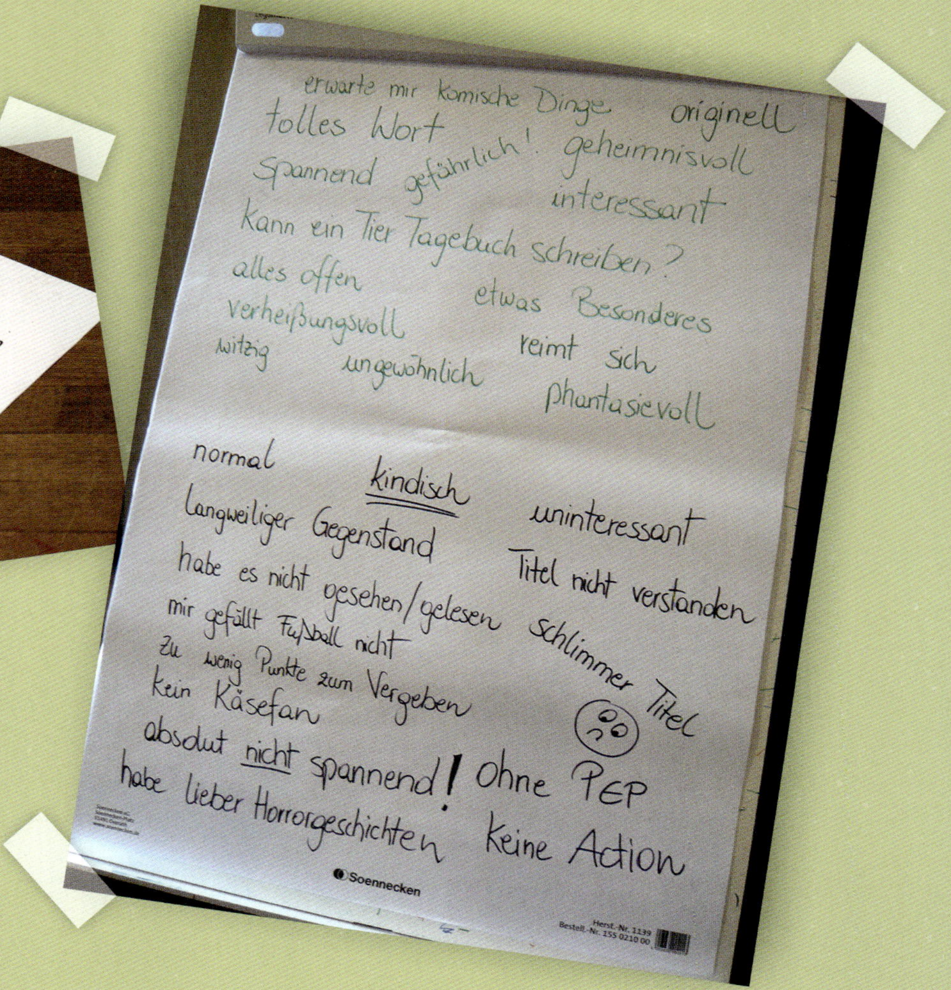

Die Kinder vertiefen sich in die 15 Titel, die auf dem Boden ausgelegt sind. „Überlegt, welcher Titel euch neugierig macht und welche Geschichte dahinter stecken könnte. Welches Buch möchtet ihr jetzt sofort lesen?“

Das Voting beginnt, drei Punkte insgesamt darf jeder vergeben. Mit Filzstift malen die Kinder Punkte auf „ihr“ Blatt oder „ihre“ Blätter. Auch die Lehrerin macht mit. Nach dieser Punktevergabe zeigt sich ein interessantes Bild. Manche Kinder sind damit zufrieden, andere enttäuscht.

„Warum wohl hat dieser Titel so viele Punkte erhalten? Was ist das Besondere daran?“

„Der macht neugierig“, finden die Kinder. „Das Wort Killer macht die Geschichte gefährlich.“ „Ich mag Tagebücher.“ „Da weiß man nicht so genau, wie die Geschichte ausgeht.“

„Worum könnte es in diesem Buch gehen? Welche Art von Buch könnte das sein? Und gibt es einen Titel, der keine Punkte bekommen hat? Was kann der Grund dafür sein?“ Die Bibliothekarin gibt allerhand zu bedenken, und alle Äußerungen werden aufgeschrieben.

Titel nicht verstanden reimt sich

Jetzt werden die Bücher vorgestellt. Zuerst legt die Bibliothekarin jedes Buch auf das entsprechende Blatt, dann liest sie aus einigen Büchern ausgewählte Textstellen vor – auch aus jenen, die keine Punkte bekommen haben. Nicht immer nämlich steht hinter einem „Super-Titel" auch eine „Super-Geschichte", und manchmal entpuppt sich ein „Langweiler" als außergewöhnliches Buch. „Das", staunt dann mancher, „hätt ich mir ganz anders vorgestellt!"

Den Kindern ist klar geworden: Bei der Wahl eines Buchs entscheidet nicht nur der Titel. Auch das Titelbild beeinflusst die Entscheidung, oder das Buchformat, oder der Klappentext.

Die Bibliothekarin verabschiedet die Kinder und gibt ihnen die Bücher mit: „Zum Lesen, und zum Einschätzen der Punktevergabe." Das Plakat mit den Aussagen der Kinder nimmt die Lehrerin mit, die Titelblätter behält die Bibliothekarin: „Die brauchen wir für unser nächstes Treffen."

TEIL 2 In der Klasse – Erfinden eigener Titel

Mehrere Tage liegen nun die Bücher in der Klasse: Zeit zum Lesen, Zeit zum Diskutieren. Natürlich würden sie jetzt die Punkte anders vergeben, betonen die Kinder. Aber die Wahl wird nicht rückgängig gemacht, so lauten die Spielregeln. Das Plakat mit den Beiträgen der Kinder hängt an der Wand. Es leistet gute Dienste beim nächsten Schritt: Jetzt nämlich sollen sie eine Liste von Buchtiteln erstellen, die es … gar nicht gibt. Damit werden die Kinder zu Autoren: Sie suchen nach einem Titel für eine Geschichte, die sie gerne lesen würden. Jeder schreibt also einen – erfundenen – Titel auf einen Papierstreifen, und die Lehrerin überträgt jeden Titel auf ein Blatt (so kann man bei der anschließenden Punktevergabe die „Autoren" nicht an der Handschrift erkennen). Das Voting dann wie gehabt: Die Blätter mit den Titeln sind am Boden ausgelegt, und wieder gibt es drei Punkte zu vergeben. Diesmal allerdings sind die „Autoren" ziemlich aufgeregt.

TEIL 3 In der Schulbibliothek – Wahl des Schulfavoriten

Zum nächsten Treffen mit der Schulbibliothekarin bringen die Kinder die Blätter mit „ihren“ Titeln mit. Die Bibliothekarin ist beeindruckt. „Wir nehmen jetzt eure fünf meistgewählten erfundenen Titel und die fünf meistgewählten echten Titel, und gestalten damit ein Plakat. Die Titel vermischen wir. Natürlich dürft ihr niemandem verraten, welche Titel von euch stammen.“

Diese Idee gefällt den Kindern. Das Plakat soll zwei Wochen lang im Foyer aushängen, damit alle, die daran vorbeikommen, an der Wahl des Schulfavoriten teilnehmen können. „Da müsst ihr kräftig die Werbetrommel rühren, im Pausenhof und auch zu Hause“, ermuntert die Bibliothekarin ihre Assistenten. „Dann werden wir gemeinsam zu einem Lesefest laden und den Siegertitel bekannt geben.“

„Und was passiert, wenn ein Titel gewinnt, den wir erfunden haben?“ „Dann heißt es: Ärmel aufkrempeln und gemeinsam schreiben.“ Auch diese Idee gefällt den Kindern. Eine spannende Wartezeit beginnt.

Die Zeit verfliegt. Bald schon zeichnet sich ab: „Der alte Igel und das neue Skateboard“ gewinnt – ein erfundener Titel! Die Freude ist groß. Auch die Aufregung: In einer Woche findet das Lesefest statt. Jetzt heißt es gut planen: Organisatorisches (Einladungen verschicken, Anmeldungen sammeln, Raum gestalten, Buffet vorbereiten …) übernimmt die Bibliothekarin, die Kinder und ihre Lehrerin kümmern sich um die Geschichte. Zum Titel, den Lara erfunden hat, entsteht nun ein Gemeinschaftswerk der 4B.

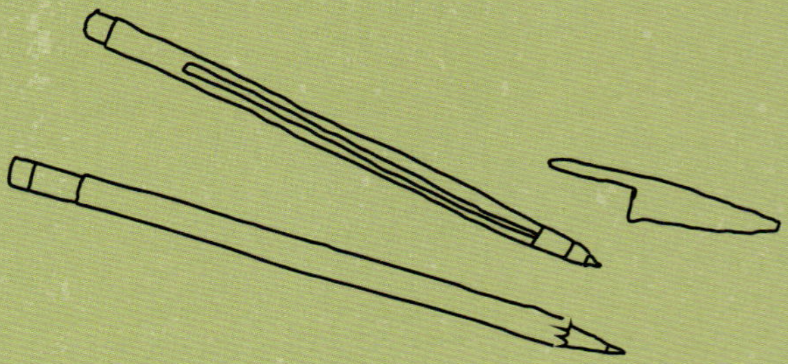

BÜCHERLISTE Für diese *Titelhitparade* verwendeten wir folgende Bücher:

- Behl, Anne-Kathrin: **Matze vor, tanz ein Tor!** Atlantis
- Biermann, Franziska: **Herr Fuchs und der rote Faden**. Mixtvision
- Cohen-Janca, Irène / Quarello, Maurizio: **Die letzte Reise. Janusz Korczak und seine Kinder**. Aus dem Französischen von Edmund Jacoby. Jacoby & Stuart
- Cotin, Menena / Faría, Rosana: **Das schwarze Buch der Farben**. Aus dem Spanischen von Helga Preugschat. Fischer Schatzinsel
- De Veck, Claudia / Kohler, Georg: **Jakob das Krokodil**. Atlantis
- Díaz Garrido, María Julia / Álvarez Hernández, David Daniel: **Als die Vögel vergaßen, Vögel zu sein**. aracari
- Fine, Anne / Scheffler, Axel: **Tagebuch einer Killerkatze**. Aus dem Englischen von Barbara Heller. Moritz
- Herfurtner, Rudolf / Michl, Reinhard: **Gloria von Jaxtberg oder Die Prinzessin auf dem Pfandlhof**. Gerstenberg
- Kasdepke, Grzegorz / Koztowski, Tomek: **Das Tier in meinem Bauch**. Aus dem Polnischen von Urszula Czerska. Beltz & Gelberg
- Kaster, Armin / Göhlich, Susanne: **Ferdi, Lutz und ich**. Jungbrunnen
- Krause, Ute: **Minus drei wünscht sich ein Haustier**. Cbj
- Krejtschi, Tobias: **Wurzelwärts Wipfelwärts**. Peter Hammer
- Lagercrantz, Rose / Eriksson, Eva: **Alles soll wie immer sein**. Aus dem Schwedischen von Angelika Kutsch. Moritz
- Pantermüller, Alice / Kohl, Daniela: **Mein Lotta-Leben. Und täglich grüßt der Camembär**. Arena
- Zeevaert, Sigrid / Muszynski, Eva: **Annabell und Anton. Tür an Tür in Haus Nr. 9**. Gerstenberg

Wir danken den genannten Verlagen für die vielfältige Unterstützung.

SCHACHTELSÄTZE

In drei ungewöhnlichen Schachteln werden außergewöhnliche Sätze aus besonderen Büchern gesammelt. Sie dienen als „Stoff“ für gemeinsamen Kunstgenuss und als Impuls für das weitere eigene Formulieren.
Schachteln also für kostbares Sammelgut: für Körner und Nüsse wie bei Leo Lionnis „Frederick“, aber auch für Farben und Sonnenstrahlen.

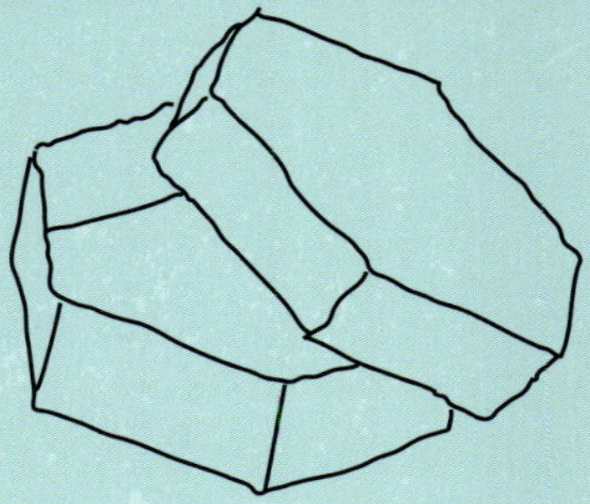

SO GEHT'S

GRUNDSÄTZLICH braucht es für die *Schachtelsätze* viel Zeit zum Vorlesen, einige schön gestaltete Behältnisse – und Ausdauer: Das Projekt erstreckt sich nämlich über mehrere Jahre.

Der Auftakt

Zu Jahresbeginn bringt die Lehrerin den Zweitklässlern drei auffällig verzierte Schachteln. Die Kinder staunen und wollen wissen, wofür diese Schachteln gedacht sind.
„Darin werden wir ab nun besondere Sätze sammeln“, verrät die Lehrerin. „Sätze, die auffallen, die ungewöhnlich sind. Sätze, die euch zum Lachen bringen oder zum Staunen oder zum Grübeln.“
Dann erhalten die Schachteln einen prominenten Platz.

Sätze finden

Die Lehrerin liest viel vor, mehrmals pro Woche. Wenn sie dabei auf einen „besonderen“ Satz trifft, hält sie inne. Sie staunt, wiederholt, markiert. Am Ende liest sie die gekennzeichneten Stellen noch einmal vor. In jeden Satz wird gemeinsam „hineingehört“.

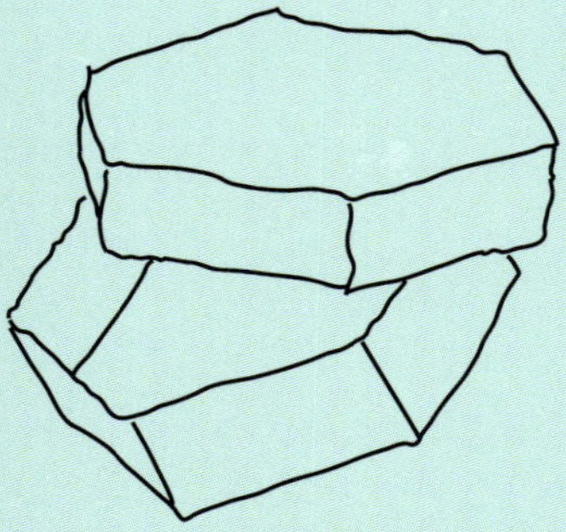

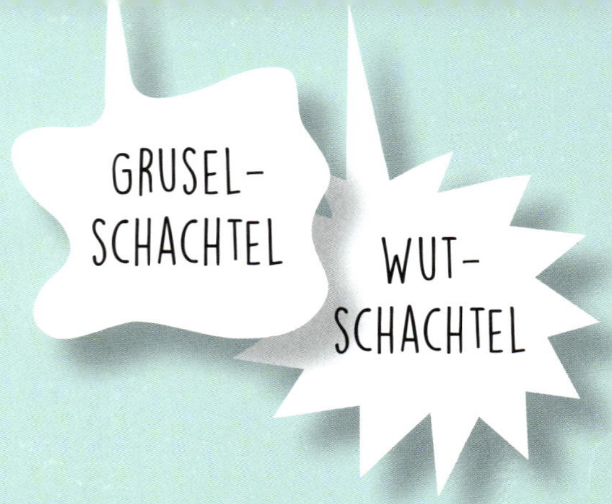

Einräumen

Wenn ein Satz gefällt, wird er auf einen Papierstreifen geschrieben. Dann überlegen die Kinder, in welche Schachtel er passen könnte. Hier zwei Beispiele aus den Büchern „Hechtsommer“ von Jutta Richter und „Die erstaunlichen Abenteuer der Maulina Schmitt. Mein kaputtes Königreich“ von Finn-Ole Heinrich und Rán Flygenring, beide bei Hanser:
Und ihre Geschichten murmelten mich in den Schlaf. (Jutta Richter)
Er roch im Nacken nach Milch. (Finn-Ole Heinrich)

Im Gespräch über diese zwei Beispiele tauchen Vorstellungen von Zufriedenheit, Wohlbefinden und Glück auf. Dafür, finden die Kinder, würde die Schachtel mit den bunten Kugeln am besten passen. „Das ist die Glücksschachtel.“
Auch die beiden anderen Schachteln sind bald benannt: „Wutschachtel“ und „Gruselschachtel“.

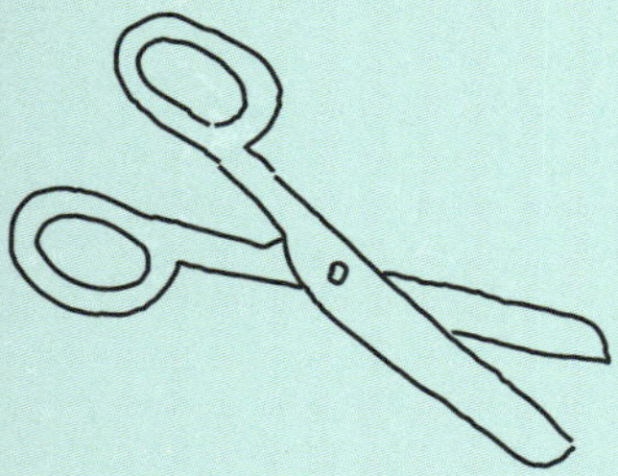

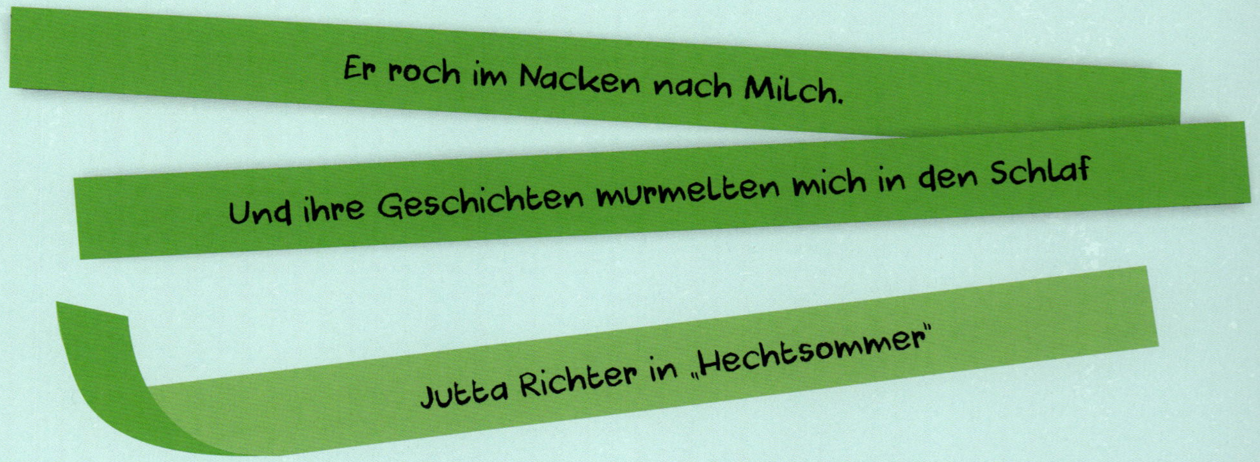

Weitere Sätze

Allmählich verändern die Kinder ihre Lesehaltung: Sie hören nun achtsamer zu und genauer hin, stets mit Blick auf „spezielle" Sätze. Sogar beim Lesen zu Hause markieren sie „besondere" Sätze, die sie in ihren Büchern finden. Diese „ihre" Sätze legen sie dann der Klasse zur Begutachtung vor. Wenn nun einen solchen Satz alle für speziell halten, findet er seinen Platz auf einem Papierstreifen und den Weg in eine Schachtel.

Aufräumen

Bald füllen sich die Schachteln mit unterschiedlichsten literarischen Kostbarkeiten. Immer wieder wird „aufgeräumt". Dabei werden die Papierstreifen ausgelegt und neu geprüft: Ist der Satz immer noch speziell? Die Kinder sind kundiger geworden und anspruchsvoller. So kommt es durchaus vor, dass Sätze ausgemustert werden.

Stark werden

Durch das wiederholte Aufräumen verinnerlichen die Kinder die gesammelten Sätze. So manche Formulierung bleibt im Gedächtnis – und wird hervorgeholt, wenn es gilt, dem eigenen Erzählen oder Schreiben Wirkung zu verleihen. Dieses Sammeln „starker" Sätze fasziniert die Kinder dermaßen, dass sie damit nicht mehr aufhören wollen. Und so entwickeln sich die *Schachtelsätze*, wie eingangs erwähnt, zu einem mehrjährigen Projekt.

Ein-Rahmen

Wo fängt die Geschichte an? Mit der Haupttitelseite – oder schon vorher, im Vorsatz? Tatsächlich gibt es dort zuweilen ungeahnten Augenschmaus: eine ganze Vorgeschichte, geschickt angedockte Zusatzinformation, kunterbuntes Ratespiel und Schelmisches mehr.
Immer wieder überraschen engagierte Büchermacher mit pfiffigen Einfällen, die ihren Geschichten einen „Rahmen“ geben.

Grundsätzlich

braucht es für dieses Projekt das Zusammenspiel von Schule und Bibliothek. Als Zeitrahmen genügen zweimal zwei Stunden. Der erste Block eignet sich fürs Klassenzimmer, im zweiten präsentiert der Bibliothekar eine Auswahl von Büchern mit bemerkenswertem Vorsatz.

Als Beispiel für den ersten Teil des Projekts verwendeten wir das Bilderbuch „Mein Opa ist alt und ich hab ihn sehr lieb“ von Wolf Harranth und Christina Oppermann-Dimow, © 1981 Jungbrunnen Verlag, Wien.

TEIL 1 Im Klassenzimmer

SO GEHT'S

Die Kinder sitzen im Kreis und lauschen gespannt der Opa-Geschichte. Danach gibt es allerlei Kommentare, aber auch die Frage: „Was ist das für ein Opa, den wir da kennengelernt haben?“ Die Kinder erinnern sich: Er legt seine Zähne in ein Glas. Er schnäuzt in die Hand. Er schmatzt beim Essen.
Alle Beiträge schreibt die Lehrerin auf ein großes Plakat. Die rechte Hälfte bleibt frei.

- Er legt seine Zähne in ein Glas.
- Er schnäuzt sich in die Hand.
- Er schmatzt beim Essen.
- Er redet mit vollem Mund.
- Er riecht gut.
- Er repariert den Wasserhahn.
- Zum Lesen setzt er eine Brille auf.
- Er hat einen riesigen Koffer
- Einen altmodischen Regenschirm.

Irgendwann beginnen die Kinder, von ihrem Opa zu erzählen: „Mein Opa setzt auch eine Brille auf, wenn er liest.“ „Mein Opa lebt in der Stadt. Er kennt sich da gut aus.“ „Mein Opa fährt mit dem Auto.“ Die Lehrerin schreibt mit, und bald präsentieren sich zwei Opas: einer aus vergangener Zeit – der Opa aus dem Buch, und ein Opa von heute. Ob es Übereinstimmungen gibt?

Dann zeigt die Lehrerin die Haupttitelseite und lenkt damit das Gespräch zurück zum Buch: „Mit diesem Bild fängt unsere Geschichte an.“ Die Kinder betrachten den Opa: Wie er im Zug sitzt, einen Apfel schält, seine Jacke mit Trauerbinde aufgehängt hat. Er ist auf dem Weg in die Stadt, zu seinen Kindern. „Aber wissen wir“, fragt die Lehrerin, „wo und wie der Opa mit der Oma vorher gelebt hat?“ Die Kinder stellen Vermutungen an.

Nun verteilt die Lehrerin Kopien der zwölf Skizzen aus dem vorderen Vorsatz des Buchs, alle vergrößert kopiert und zugeschnitten. Sie zeigen Szenen aus dem Tagesablauf der Großeltern. Je zwei Kinder erhalten eine Skizze und vier Minuten Zeit, sich darüber zu unterhalten. Dann will die Lehrerin wissen: „Wie beginnt der Tag der Großeltern? Wer hat das erste Bild?“

Dies zu finden ist nicht schwierig: Die Großeltern liegen noch im Bett. Wie sie frühstücken, das muss als nächstes kommen; die Pendeluhr gibt den Hinweis. Aber dann: Schneidet der Opa zuerst die Hecke und füttert dann das Pferd, oder umgekehrt?
Wenn alle Bilder gereiht und die Kinder mit der Abfolge einverstanden sind, wird diese mit jener im Buch verglichen.

- Er Legt seine Zähne in ein Glas.
- Er schnäuzt sich in die Hand.
- Er schmatzt beim Essen.
- Er redet mit vollem Mund.
- Er riecht gut.
- Er repariert den Wasserhahn.
- Zum Lesen setzt er eine Brille auf.
- Er hat einen riesigen Koffer
- Einen altmodischen Regenschirm.

- Mein Opa Lebt bei uns im Haus.
- Mein Opa Lebt in der Stadt.
- Mein Opa hat einen Computer.
- Mein Opa schickt mir oft SMS.
- Mein Opa hat auch neue Zähne.
- Mein Opa setzt auch eine Brille auf, wenn er Liest.
- Mein Opa ist mit dem Motorrad durch die Wüste gefahren.

Während der gemeinsamen Diskussion um die „richtige“ Reihenfolge der Szenen haben die Kinder Vermutungen angestellt, Fantasien entwickelt, ein Kribbeln verspürt: zwölf „Comics“ – und kein Text! „Den schreiben wir selber. Wir machen unser eigenes Opa-Buch!“ Wie sie das machen, ist eine andere Geschichte. Hier Schritt für Schritt zu zeigen, wie „Geschichten bauen“ funktioniert, würde den Rahmen dieses Handbuchs sprengen.

Jedenfalls haben die Kinder erfahren, dass es Bücher mit außergewöhnlichem Vorsatz gibt, und dass eine darin erzählte Vorgeschichte genauso spannend sein kann wie die eigentliche Geschichte.
Und weil es gar einige Bücher mit außergewöhnlichem „Zusatz“ gibt, lohnt sich ein anschließender Ausflug in die Bibliothek und in die Welt des guten Vorsatzes.

TEIL 2 In der Bibliothek

Als erstes Beispiel für den zweiten Block dieses Projekts verwendeten wir das Bilderbuch „Der Besuch" von Antje Damm, © 2015 Moritz Verlag, Frankfurt.

Der Bibliothekar zeigt zunächst das vordere Vorsatz. Die Kinder sehen den dunklen Raum. Aufgeräumt, aber finster. Altmodisch. Eine Treppe führt in das obere Stockwerk. Warum ist es in dieser Wohnung so dunkel? So traurig? Trotz der großen Fenster. Wohnt hier überhaupt jemand? Wenn ja, wer? Eine alte Frau vielleicht, oder ein alter Mann?

Dann zeigt der Bibliothekar das hintere Vorsatz. Derselbe Raum: hell und freundlich. Von Licht durchflutet. Immer noch altmodisch, aber irgendwie fröhlich. Wie kam die Farbe in den Raum? War der Maler da? Das ist nicht bloß der Anstrich. Der Raum wirkt plötzlich so lebendig. Was ist passiert?

Der Bibliothekar schreibt jetzt den Buchtitel auf ein großes Blatt Papier: Der Besuch. War es also ein Besuch, der Farbe in dieses Dunkel brachte? Wer hat da wen besucht?

Wieder zeigt der Bibliothekar das vordere Vorsatz, aber jetzt setzt er eine Figur auf den Stuhl. Er hat sie vorher kopiert (erste Doppelseite) und ausgeschnitten. Eine alte Frau ist es also, die hier wohnt. Ängstlich sieht sie aus und einsam. Auch traurig. Darum die dunklen Farben?

Dann stellt der Bibliothekar einen bunten Jungen (sechste Doppelseite) in die Tür. Klar, dieser Junge ist der Besuch! Ein Enkelsohn vielleicht, oder ein Nachbar. Er hat die Farbe in das Leben der alten Frau

gebracht. Wie könnte er heißen? Und warum kam er auf Besuch? Nun wird es Zeit für die Geschichte.

Als zweites Beispiel für den Block in der Bibliothek verwendeten wir das Bilderbuch „Was wächst denn da?“ von Gerda Muller, aus dem Französischen übersetzt von Tatjana Kröll, © 2015 Moritz Verlag, Frankfurt.

Der Bibliothekar zeigt das Cover und stellt die Hauptfigur vor: Das ist Sophie. Endlich hat sie Ferien. Sophie freut sich, denn sie darf zu ihren Großeltern. Die leben auf dem Land und haben einen großen Garten, in dem sie Gemüse anbauen. Sophie darf dabei helfen. Und sie lernt eine ganze Menge bei der Gartenarbeit.

Vielen Kindern geht es wie der kleinen Sophie: Sie kennen Gemüse nur aus dem Supermarkt. Und nicht immer kennen sie die Namen. Klar, was eine Karotte ist, weiß jeder. Aber was ist Knollensellerie?

Bevor das Vorsatz zum Einsatz kommt, gibt es Gemüse zum Anfassen: Der Bibliothekar bringt einen Korb voller Gemüse mit. Was die Kinder nicht benennen können, bleibt im Korb, das andere Gemüse wird auf einen Tisch gelegt und unter die Lupe genommen:
Gibt es Gemeinsamkeiten?
Haben sie eine bestimmte Form?
Was wächst unter der Erde?
Die Kinder versuchen, Zuordnungen zu finden.

Dann legt der Bibliothekar acht Servietten auf den Boden und steckt auf jede ein Fähnchen mit dem Namen einer Gemüsegruppe. Damit bietet er den Kindern neue Zuordnungs-Möglichkeiten: Was könnte zum Fruchtgemüse gehören, was zum Wurzelgemüse …
Eifrig wird gelegt und argumentiert. Aber sind die Früchte auch richtig benannt? Und wie heißen jene, die noch im Korb liegen?
Hier kommt das Vorsatz ins Spiel.

Als drittes Beispiel verwendeten wir das Bilderbuch „Die Hüte der Frau Strubinski“ von Heinz Janisch und Helga Bansch, © 2013 Jungbrunnen Verlag, Wien.

Frau Strubinski liebt Hüte. Wer einen Hut braucht, kommt zu ihr, und sie weiß sofort, welcher Hut zu wem passt. Sie hat Hüte für die Traurigen, für die Unruhigen, für die Lauten, für die Schweigsamen, für die Verliebten. Manche ihrer Hüte sehen aus wie Katzen, manche sind leicht wie Schneeflocken. Kurzum: Frau Strubinski hat Hüte für jedermann.

Passend zur poetischen Geschichte liefert das Vorsatz Vorlagen für ein Zuordnungsspiel: Zu wem passt welcher Hut? Zunächst schneiden die Kinder aus den kopierten Vorlagen die Hüte und die Figuren aus. Dann spielen sie Frau Strubinski: Sie verpassen den Figuren den passenden Hut.

Dann kleben sie ihre „behüteten“ Figuren auf Packpapier und legen ihnen Worte in den Mund (Sprechblase), die ihr Befinden zum Ausdruck bringen.

Die Leselotte

Eine Lese-Attraktion der Sonderklasse ist die *Leselotte*. Als kunterbunte Bücherraupe wandert sie von Grundschule zu Grundschule und wird dort zum heiß ersehnten, vier Wochen lang liebevoll gepflegten und dann wehmütig weitergereichten „Lieblingstier". Ein Highlight im Lesejahr!

Angenommen, eine Stadtbibliothek plant ein Projekt für die Erstklässler ihrer Grundschulen. Oder eine Büchereizentrale sucht nach einer landesweiten Attraktion für den Kindergarten. Dann haben sie mit der *Leselotte* garantiert Erfolg. Was ist das Besondere an ihr? Sie kommt als „Kumpel" daher, bietet Lesegenuss pur sowie die Möglichkeit, Bilderbücher vier Wochen lang in den Unterricht einzubauen.

Die Idee stammt aus der Schweiz, wo das dortige Institut für Kinder- und Jugendmedien (SIKJM) eine „Bücherraupe" seit Jahren erfolgreich einsetzt.
Die *Leselotte* ist eine neu inszenierte Variante. Das JUKIBUZ (Jugend- und Kinderbuchzentrum, Bozen) startete sie in Südtirol als Angebot für den Kindergarten. Mittlerweile gibt es dort eine *Leselotte* für die ersten drei Klassen der Grundschule und eine Version für den Übertritt Kindergarten / Grundschule.

SO GEHT'S

Vorbereitung

Je mehr in die Vorbereitung investiert wird, desto nachhaltiger sind die Spuren, welche die *Leselotte* hinterlässt. Im Idealfall widmet sich die Leiterin der Kinderbuch-Abteilung dem Projekt. Sie kümmert sich um das Kleid, den Inhalt und die Kosten. Sie bestimmt die Spielregeln, kontaktiert die Schulen, plant die Reiseroute und organisiert die Übergabe.

Das Kleid

Die *Leselotte* beeindruckt zunächst durch ihr äußeres Erscheinen: 25 aneinander geknöpfte Büchertaschen ergeben ein ellenlanges Stoffgebilde. Der Kopf vorneweg mit Fühlern, Augen und lachendem Mund macht die *Leselotte* sympathisch. Jede Tasche ist ein Unikat: genäht aus bunten Stoffresten, mit kurzen Filzbeinen für die Reise und einem Henkel zum Tragen oder Aufhängen. Seitlich angebrachte Knöpfe verbinden die Taschen (Klettverschluss hat sich nicht bewährt). Kundinnen der Stadtbibliothek, oder etwa Menschen einer „Geschützten Werkstätte" können die Herstellung der Taschen übernehmen.

„LESELOTTE"

heißt nicht nur unsere pädagogische Aktion, sondern auch ein Stützkissen von aniversal (www.leselotte.com). Wir danken den beiden Besitzerinnen für die freundliche Erlaubnis, den von ihnen geschützten Begriff für unser eingeführtes Projekt weiter verwenden zu dürfen.

Der Inhalt

In jeder Tasche steckt ein sorgsam ausgewähltes Buch – meist eine Bilderbuchnovität. Auch Sachbücher gehören dazu, und Bücher ohne Text. Die Titel decken ein breites Spektrum an Themen und Illustrationsarten ab.

Die Kosten

Mit etwa 900 € Gesamtkosten ist zu rechnen. Ein gutes Drittel davon entfällt auf den Ankauf der Bücher, der Rest muss fürs Nähen kalkuliert werden. Jedenfalls wenig Geld für ein Projekt, das viele Jahre einsetzbar ist.

Die Bewerbung

Damit Schulen ansuchen können, müssen sie von der Existenz der *Leselotte* erfahren. Sinnvoll ist eine Ankündigung in unterschiedlichen Medien: Newsletter, Infotafel, Stadtzeitung usw. Erwähnt werden nicht nur die Vorzüge der *Leselotte*, sondern auch Spielregeln und Anmeldefristen.

DIE BÜCHER DIESER LESELOTTE

- Badel, Ronan: **Der faule Freund**. Peter Hammer
- Bansch, Helga: **Flieg, Mitzi, flieg!** Tulipan
- Blake, Stephanie: **Babyfratz**. Aus dem Französischen von Tobias Scheffel. Moritz
- d'Allancé, Mireille: **Robbi regt sich auf**. Aus dem Französischen von Markus Weber. Moritz
- Deacon, Alexis / Schwarz, Viviane: **Ich bin Henry Fink**. Aus dem Englischen von Uwe-Michael Gutzschhahn. Gerstenberg
- George, Patrick: **Drinnen und draußen**. Gegensätze. Aus dem Englischen von Markus Weber. Moritz
- Emmett, Jonathan / Cabban, Vanessa: **Oh Schreck, ein Fleck!** Aus dem Englischen von Christiane Lawall. Annette Betz
- Escoffier, Michaël / Di Giacomo, Kris: **Wer hat Angst vor diesem Wolf?** Aus dem Französischen von Sandra Knuffinke und Jessica Komina. Lappan.
- **Flughafen**. (Frag doch mal die Maus – Erstes Sachwissen) Cbj
- Gravett, Emily. **Noch mal!** Aus dem Englischen von Uwe-Michael Gutzschhahn. Sauerländer.
- Holzwarth, Werner / Erlbruch, Wolf: **Vom kleinen Maulwurf, der wissen wollte, wer ihm auf den Kopf gemacht hat**. Peter Hammer
- **Im Einsatz! Polizei und Feuerwehr**. (Was ist was – Junior) Tessloff
- Janisch, Heinz / Olten, Manuela: **Wenn Lisa wütend ist**. Beltz & Gelberg
- Jünger, Brigitte / Dürr, Julia: **Ida und das Gürkchen**. Jungbrunnen
- Latimer, Alex: **Sitz!** Eine freche Hundegeschichte. Aus dem Englischen von Constanze Steindamm. Lappan
- **Mein liebstes Tierbuch**. Coppenrath
- Muhl, Iris / Rütimann, Daniela: **Theo und HAInz**. Atlantis
- Pauli, Lorenz / Zedelius, Miriam: **Pass auf mich auf!** Atlantis.
- Rössler, Maria Theresia / Blazejovsky, Maria: **Simon Daumenlutscherkind**. Jungbrunnen.
- **Rund um den Fußball**. (Wieso? Weshalb? Warum?) Ravensburger
- Scherz, Oliver / Gehrmann, Katja: **Als das Faultier mit seinem Baum verschwand**. Beltz & Gelberg
- Straßer, Susanne: **Das Märchen von der Prinzessin, die unbedingt in einem Märchen vorkommen wollte**. Hinstorff
- Teich, Karsten: **Suchst du Streit?** Hinstorff
- Van Genechten, Guido: **Es spukt nicht unterm Bett**. Aus dem Englischen von Joanna Storm. Annette Betz
- **Wunderbare Tierschau**. Eine bunte Sammlung von großen und kleinen Tieren. Cbj

Wir danken den genannten Verlagen für die vielfältige Unterstützung.

Die Spielregeln

Für die *Leselotte* ist ein zeitlicher Rahmen von vier Wochen festgelegt. Danach wird sie von der Projektleiterin abgeholt und in die erste Klasse einer anderen Grundschule gebracht. Dieses Zeitfenster macht die *Leselotte* kostbar und gibt ein schwungvolles Arbeitstempo vor, erlaubt aber auch das Einplanen von genügend Schmökerzeit. Jede Lehrerin verpflichtet sich bereits bei der Anmeldung, die Spielregeln einzuhalten:

Die Reiseroute

Sobald die Anmeldungen eingetroffen sind, kann die Projektleiterin die Reiseroute planen. Dabei spielen die Entfernungen eine wesentliche Rolle. Terminwünsche der Lehrerinnen können nur begrenzt berücksichtigt werden. Da ja die Projektleiterin die *Leselotte* in die Schulen bringt und sie dort wieder abholt, wird sie die Reiseroute bestimmen und darauf achten, dass sie die *Leselotte* nicht nur abholen, sondern auch noch zur nächsten Station hinbringen kann.

Der Info-Nachmittag

An einem Nachmittag werden alle Lehrerinnen eingeladen, die in den Genuss einer *Leselotte* kommen. Die Projektleiterin stellt die Initiative vor. Sie zeigt die *Leselotte*-Taschen, stellt die *Leselotte*-Bücher vor, erklärt die Spielregeln, verteilt Routenplan und Adressenliste, fixiert jede Übergabe und trifft Vereinbarungen. Zum Beispiel,

- dass die Kinder vorerst nicht erfahren sollen, dass die *Leselotte* kommt und wer die *Leselotte* ist,
- dass sich die *Leselotte* eine Woche vor Eintreffen per Brief oder E-Mail ankündigen wird,
- dass mit der Übergabe der *Leselotte* die Inszenierung beginnt,
- dass mit einem Abschiedsfest die Inszenierung endet,
- dass die Eltern frühzeitig von der *Leselotte* erfahren sollen und gebeten werden, die Geheimnistuerei um sie mitzutragen,
- dass viel vorgelesen wird,
- dass auch Männer zum Vorlesen eingeladen werden.

* DIE SPIELREGELN

- Die *Leselotte* bleibt vier Wochen in der Klasse.
- Die *Leselotte* erhält einen gemütlich eingerichteten Platz (Ohrensessel von zu Hause, Schaukelstuhl ...).
- Der wöchentliche *Leselotte*-Büchertaschentag wird eingeplant.
- Die Lehrerin stellt viel Lesezeit zur Verfügung.
- Sie gewährt freien Zugang zu den Büchern.
- Sie liest viel vor.
- Sie sucht viele Lesehelfer (Väter, Mütter, Großeltern, Patenonkel, Freunde, VIPS ...).
- Sie erarbeitet mit den Kindern Regeln für einen sorgfältigen Umgang mit den Büchern.
- ...

Die *Leselotte* kommt!

BIST DU SCHON GROß?

WIESO KENNST DU UNSERE KLASSE?

KANNST DU LESEN?

BIST DU EIN KNOPF?

HAST DU EINEN PAPAGEI?

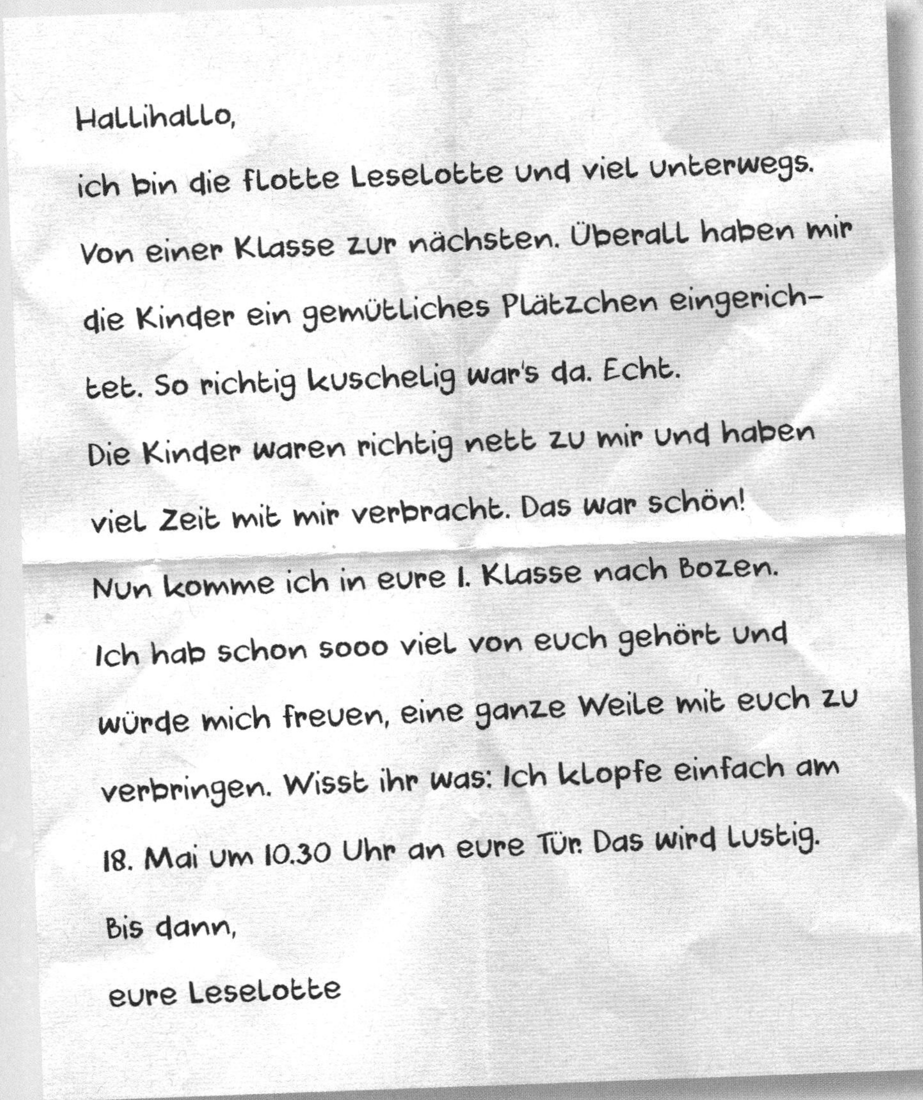
Hallihallo,

ich bin die flotte Leselotte und viel unterwegs. Von einer Klasse zur nächsten. Überall haben mir die Kinder ein gemütliches Plätzchen eingerichtet. So richtig kuschelig war's da. Echt.

Die Kinder waren richtig nett zu mir und haben viel Zeit mit mir verbracht. Das war schön!

Nun komme ich in eure 1. Klasse nach Bozen.

Ich hab schon sooo viel von euch gehört und würde mich freuen, eine ganze Weile mit euch zu verbringen. Wisst ihr was: Ich klopfe einfach am 18. Mai um 10.30 Uhr an eure Tür. Das wird lustig.

Bis dann,

eure Leselotte

Ein Brief in der Klasse! Welche Aufregung! Wer ist diese *Leselotte*, die da schreibt? Wie sieht sie aus? Was macht sie bei uns in der Klasse? Wird sie lange bleiben? Wo kommt sie her? Wie kommt sie zu uns? Die Kinder rätseln, und die Spannung steigt: Noch vier, drei, zwei Tage, dann kommt die *Leselotte*.

Die Vorbereitung in der Schule

Die Kinder malen die *Leselotte*, und die Bilder mit den Fantasiegestalten werden im Foyer ausgestellt. Dann gilt es, einen Raum für den Gast einzurichten. Eltern helfen mit und stellen einen „Lesethron" zur Verfügung.

Auch der Empfang wird vorbereitet, mit einem *Leselotte*-Song. Der Hausmeister wird gebeten, die *Leselotte* an der Schultür zu empfangen und in die Klasse zu begleiten. Dann heißt es warten.

Der Empfang

Die Leselotte kommt nicht allein.

Der Sack wird geöffnet.

„MANN, IST DIE ABER LANG!"

Endlich dürfen die Kinder zugreifen.

„SCHAUT HER: MEIN BUCH!"

Die Begleiterin liest vor und zeigt unterschiedlichste Illustrationen.

Dann tauchen die Kinder ein und vergessen die Welt ringsum.

Drinnen und draußen
WAS IST WAS Junior
Im Einsatz!
Polizei & Feuerwehr
WUNDERBARE TIERSCHAU
WOLF?
ICH BIN HENRY FINK

Die Lesezeit

Jeder Schultag beginnt mit einer Geschichte aus der *Leselotte* – für die Kinder ein regelmäßiges Hörerlebnis. Das Ritual lässt sie von Tag zu Tag achtsamer werden. Selbstverständlich haben sie auch freien Zugang zur *Leselotte*, und zwar zu einer fest verankerten Zeit. Dabei entscheiden sie selbst, ob sie ihr Buch zu zweit oder alleine betrachten wollen.
Hier genießen zwei noch mal das Buch „Noch mal“.

Der Büchertaschentag

Freitag ist *Leselotte*-Büchertaschentag. Ein besonderes Ereignis. Stolz tragen die Kinder „ihre“ Tasche nach Hause. Sie genießen es, dort mit ihrem Buch im Mittelpunkt zu stehen und gemeinsam mit Eltern und Geschwistern die Geschichte neu zu erleben. Und stolz bringen sie am Montag die Büchertasche wieder in die Klasse zurück.

Das Lieblingsbuch

Am Montag gibt es für jeweils vier bis fünf Kinder die Möglichkeit, den anderen ihr *Leselotte*-Lieblingsbuch vorzustellen. Es ist beeindruckend, wie detailreich einige Kinder ihr Bilderbuch nacherzählen, oder wie sehr sie das Vortragen geübt haben und wie aufmerksam die anderen zuhören.

Besondere Erlebnisse

In gemeinsamen Erzählstunden sprechen die Kinder über ihre Leseerlebnisse mit den Büchern aus der *Leselotte*. Sie sammeln passende Gegenstände zu einem Buch und legen sie in die entsprechende Büchertasche. Diese Gegenstände erleichtern das Nachbauen der Geschichte und werden als Erzählfaden benutzt.
Besonders häufig diskutiert wurden die beiden Titel „Robbi und die Wut" und „Wenn Lisa wütend ist". Das veranlasste eine Kindergärtnerin, einen roten „Wutsack" zu nähen und eine Aktion zu starten: bei Wut hineinbrüllen, zuziehen, im Garten ausschütteln.

Das Abschiedsfest

Bevor die *Leselotte* abgeholt wird, veranstalten die Kinder ein Abschiedsfest. Der Kreativität sind keine Grenzen gesetzt: Eröffnung mit dem *Leselotte*-Song, *Leselotte*-Riesenkreuzworträtsel für die geladenen Eltern, *Leselotte*-Spitzbuben zum genussvollen Verzehr. Doch wie fröhlich es auch zugehen mag – es fällt den Kindern nicht leicht, jene Bücher abzugeben, die sie nun so gut kennen und so gut lesen können.
Ein letzter Blick ins Buch … und alles Gute für die Reise!

Die Autorinnen

Beide haben lange Zeit unterrichtet und dann am Pädagogischen Institut in Bozen gearbeitet. Seitdem teilen sie ihre Begeisterung fürs Lesen mit Kindern und tauchen immer wieder mal ab und ein in ein gemeinsames Buch- oder Fortbildungsprojekt.

Maria Theresia Rössler hat 1999 das Jugend- und Kinderbuchzentrum JUKIBUZ in Bozen gegründet und es elf Jahre lang geleitet. Als Autorin von Fachliteratur leitet sie Workshops (z. B. „Das rote Paket", oder „Geschichten bauen", beides Schreibwerkstätten für Kinder), und als Autorin von Bilderbüchern hält sie Lesungen (z. B. mit Kamishibai und Hosentaschenbilderbuch). Außerdem berät sie Veranstalter bei der Entwicklung von Leseprojekten.

Gudrun Sulzenbacher ist seit 1998 als freischaffende Autorin und Referentin im In- und Ausland viel unterwegs. Ihr Bestseller „Die Gletschermumie", mit dem Österreichischen Kinder- und Jugendbuchpreis ausgezeichnet und in viele Sprachen übersetzt, wird immer wieder nachgedruckt und überarbeitet. In Bibliothekskreisen sind ihr Hörbuch „Ötzi. Der Sensationsfund" und ihr Sachbuch „Vom Büchermachen" mittlerweile Klassiker.

Veranstaltungen

Maria Theresia Rössler,
Tel. 0039-348-5664651, mth.roessler@gmail.com

Gudrun Sulzenbacher,
Tel. 0039-0471-616207, sulzenbacher@rolmail.net

DANK

Allen Kindern und Jugendlichen und allen ihren Fachkräften aus Schule und Bibliothek, mit denen wir unsere Rezepte erproben durften, sei herzlich gedankt.

Ein besonderer Dank geht an Elfi Fritsche, die Mitautorin der „alten“ *Lese-Rezepte*. Ebenso bedanken wir uns bei allen Schulklassen, in deren Unterricht wir für dieses Buch fotografieren durften:

- *Grundschule und Schulbibliothek „J. W. v. Goethe“, Bozen*: 1. Klasse B und 4. Klasse B mit den Lehrerinnen Margit Egger, Ulrike Federspiel und der Bibliothekarin Sabine Krapf.
- *Grundschule Gries, Bozen*: 5. Klasse B mit der Lehrerin Sabine Egger.
- *Grundschule Lengmoos*: 1. Klasse, 3. Klasse und 5. Klasse mit den Lehrerinnen Carmen Burger, Cornelia Mair, Maria Rauch und Theresia Zuegg.
- *Grundschule Marling*: 1. Klasse, 2. Klasse A und 5. Klasse A mit den Lehrerinnen Brigitte Messner, Christine Spitaler, Doris Staffler und Melanie Volpe.
- *Grundschule „Albert Schweitzer“, Meran*: 5. Klasse mit der Lehrerin Erna Pohl.
- *Mittelschule und Schulbibliothek „O. v. Wolkenstein“, Brixen*: 3. Klasse A mit der Lehrerin Hildegard Haas und dem Bibliothekar Patrick Taschler.
- *Mittelschule und Öffentliche Bibliothek Deutschnofen*: 2. Klasse C und 3. Klasse B mit den Lehrerinnen Barbara Niederstätter, Ute Wieser und der Bibliothekarin Isabel Zelger.
- *Mittelschule Tramin*: 1. Klasse B und 2. Klasse A mit den Lehrerinnen Carmen Kastl und Laura Giacomozzi.
- *Mittelschule und Öffentliche Bibliothek Terlan*: 1. Klasse C und 2. Klasse B mit den Lehrkräften Alois Framba, Ulrike Scherer und der Bibliothekarin Renate Mair.
- *Mittelschule Partschins*: 2. Klasse A und 3. Klasse B mit den Lehrerinnen Andrea Schweigl und Liliana Bader.

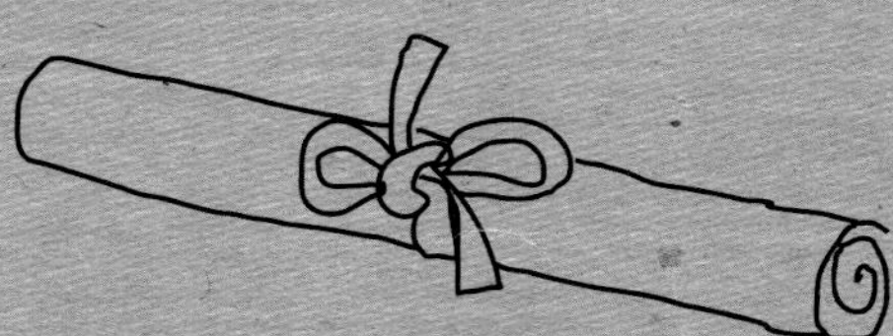